本研究成果获

湖南省应用特色学科"应用经济学"

湖南省高等学校 2011 协同创新中心"洞庭湖生态经济区建设与发展"

教育部人文社科基金项目"劳动力流动视角下中西部地区乡村振兴的实现机制研究"（18YJCZH046）

湖南省社科基地项目"劳动力回流助推湖南省农民专业合作社发展的动力机制及实现路径研究"（20JD15）

湖南文理学院优秀出版物

出版资助

乡村振兴背景下

农村外流劳动力的
市民化意愿与回流意愿研究

何 鑫◎著

中国财经出版传媒集团

经济科学出版社
Economic Science Press

图书在版编目（CIP）数据

乡村振兴背景下农村外流劳动力的市民化意愿与回流意愿研究/何鑫著 . —北京：经济科学出版社，2020.12

ISBN 978 – 7 – 5218 – 2070 – 6

Ⅰ.①乡…　Ⅱ.①何…　Ⅲ.①农村人口 – 人口流动 – 研究 – 中国　Ⅳ.①C924.24

中国版本图书馆 CIP 数据核字（2020）第 223029 号

责任编辑：周国强
责任校对：齐　杰
责任印制：王世伟

乡村振兴背景下农村外流劳动力的市民化意愿与回流意愿研究

何　鑫　著

经济科学出版社出版、发行　新华书店经销

社址：北京市海淀区阜成路甲 28 号　邮编：100142

总编部电话：010 – 88191217　发行部电话：010 – 88191522

网址：www. esp. com. cn

电子邮箱：esp@ esp. com. cn

天猫网店：经济科学出版社旗舰店

网址：http：//jjkxcbs. tmall. com

北京季蜂印刷有限公司印装

710×1000　16 开　11.75 印张　2 插页　200000 字

2020 年 12 月第 1 版　2020 年 12 月第 1 次印刷

ISBN 978 – 7 – 5218 – 2070 – 6　定价：68.00 元

（图书出现印装问题，本社负责调换。电话：**010 – 88191510**）

（版权所有　侵权必究　打击盗版　举报热线：**010 – 88191661**

QQ：2242791300　营销中心电话：**010 – 88191537**

电子邮箱：**dbts@ esp. com. cn**）

前　言

　　初次接触"农村外流劳动力"这一主题缘于我与博导的一次谈话，尽管这并非是导师所熟悉的研究方向，但他对于我国农村外流劳动力的历史、现状以及所影响的方方面面让我对这一主题产生了浓厚的兴趣。博士毕业至今，我一直致力于人口流动方面的研究。一方面，以"农村外流劳动力"为主题先后获得了教育部人文社科基金等多个省部级课题，在"中国劳动经济学者论坛""香樟经济圈"等国内学术会议上进行学术交流，在高水平学术期刊上发表论文10余篇；另一方面，通过华中师范大学中国农村研究院、常德市统计局等多个平台，深入湖南省农村基层，积极开展田野调查。不得不说的是，正是这些学术和实践经历改变了我原来对农村外流劳动力"去"或"留"的简单认识，让我在这一领域有了更多话语权，这也是本书的写作初衷。

　　事实上，中国城市、乡村的发展已经处于"人口瓶颈"期。一方面，是农村外流劳动力难以融入城市。中国经济在高速发展的同时，由于缺乏对教育、医疗等配套设施和公共服务的长期规划，优生优育已成为人民生活的一项重大开支。尽管国家层面已制定颁发了"全面二孩"政策的实施方案，但效果却不尽如人意。据全国生育调查数据，2015～2018年，中国生育率仍基本维持在1.68左右，远低于国际世代更替水平的2.1，未来中国人口数量呈负增长或成必然趋势。而中国的农村外流劳动力尽管为城市的GDP做出了巨大贡献，但在市民化过程中仍难免遭遇"歧视"，农村外流劳动力处于在经济上被接纳和在社会上被排斥的尴尬处境，使市民化过程实际上处于"半市民化"状态，再加上城市房价飞速上涨，农村外流劳动力在城市中真正做到社会融入还面临重重障碍。另一方面，是农村外流劳动力难以返回乡村。众所周知，农村剩余劳动力向城市转移、农业从业人员向非农行业转移的本质原因在于收入分配的不合理，农业投资周期长、风险大、回报低、环境差等特点都是驱逐劳动力向外转移的主要因素。2018年，第一产业占GDP的比重仅为4.4%，同比增长3.2%，而第二产业和第三产业分别占GDP的比重已高达38.9%和56.5%，同比增速分别为6.3%和7.5%，[①] 可以说，农业在全方位遭到其他产业的"碾压"。或许也有观点会认为，从西方发达国家的历史来看，经济发展过程中农业占比必将下滑，这是一种大势所趋，但请不要忘记，我国农业的现代化水平较低，农业科技水平不高，农产品价格补贴几乎没有，种植、养殖仍以小农户生产为主，乡镇企业无法提供足够的就业岗位与可观收入，再加上农村人居环境有待整治、农业发展政策有待补充、农业基础设施和公共服务有待完善等一系列原因，农村外流劳动力的回流更多也只是一种被迫无奈，而非主观意愿。

面对城市发展与乡村振兴对人口日益增长的迫切需求，以及农村外流劳动力无"家"可归的现实困境，中国未来城市与乡村如何发展？中国农村外流劳动力能否做到合理优化配置？这些问题在未来都不得不值得我们思考。事实上，城市与乡村的发展从来都不会相互制约、相互冲突，城乡一体化发展的目标都是为解决民生实事，为人民增添福祉，增加人民收入，增强人民生活的幸福感。可以说，这既是本书的写作初衷，也是对未来美好生活的期望，我们完全有理由相信，在不久的将来，这些问题都将成为历史车轮下的痕迹，中国的城乡发展模式与经验必将会成为全球发展中国家模仿和学习的范本。

在本书的写作过程中，有幸获得了许多良师益友的无私帮助与关怀，感

---

① 以上数据均来源于2019年《中国统计年鉴》。

谢他们在本书创作过程中所提出的宝贵意见与合理建议。感谢湖南文理学院科研院、经济与管理学院与国际学院的领导对本书的大力资助，是他们在经济上提供无偿的帮助才使得本书能够顺利如期出版；感谢常德市统计局的各位领导及同事对本书提供的意见；感谢《管理世界》李逸飞博士在本书第 7 章关于房价的影响效应中所提出的建议，与你的多次沟通使得这一章的内容得到了质的提升；感谢财务管理专业的罗杰思老师在财政转移支付这一章撰写过程中的专业建议，希望日后你也能产出更多高质量的成果；感谢西南林业大学的硕士研究生陈卓同学，是你多年来在"热词"领域的研究，才使得本书第 2 章能顺利完成，预祝你在博士攻读过程中一如既往地扬帆远航；感谢段玲、甘婷、龙琳薇和李雯四位同学对本书的贡献，我相信此次参与撰写后对于你们日后的学习与工作一定大有裨益，希望你们能继续延续自己的学习生涯；感谢我们的"Shark 学术兴趣小组"的全体成员，本书中部分数据的收集整理离不开你们辛勤地付出，他们是甘婷、李夏婉、赵飘、段玲、李雯、龙琳薇、邱聪、夏胜男、邓从腾、袁萍和莫香香，没有你们的积极参与，兴趣小组不会顺利开展四个学期，让我们彼此双方都获益匪浅。最后还要特别感谢我的爱人田丽慧女士，是她在背后无怨无悔的支持才能让我将全部精力投身于本书的撰写中。

历时四年，终于完成了第二本专著的写作！如果说第一本专著更多的是反映我在读书期间与导师沟通后的一些想法，那么这一本专著应该说可以代表我参加工作以来的一些独立思考，本书中既有关于城乡流动人口的现状对比与调查研究，也有市民化与返乡回流的意愿与影响因素分析，还有包括房价、财政转移支付方式和生态足迹等流动迁移的关键性因素所带来的启示。全书在撰写过程中，搜集了大量数据并运用了现代统计分析方法对数据进行处理和展示，但由于篇幅有限，我只将最能证明结论的部分选入本书中，因此，论证过程难免会有疏漏，希望各位读者在阅读过程中及时对书中出现的错误进行批评指正，我相信你们的建议一定会给我后续的研究带来很大帮助。

何　鑫

湖南文理学院经济与管理学院

2020 年 5 月

目　录

第 1 章

绪　　论

1.1　研究背景与研究意义

1.1.1　研究背景

2014 年，国务院颁布了《新型城镇化建设规划（2014—2020 年）》（简称《规划》），《规划》中指出，争取到 2020 年健康合理有序推进 1 亿左右农业转移人口进城落户，将常住人口城镇化率提高至 60% 左右，户籍人口城镇化率提高至 40% 左右。为实现这一目标，不仅要全面放开小城镇的落户限制，还要逐步放宽大中城市的落户条件，特别是中西部城市要逐步承接国际和沿海城市的产业转移，提升中西部城市的辐射带动能力，以产业促进就业，以合法稳定就业吸引人口集聚。2016 年，国务院又再次印发了《推动 1 亿非户籍人口在城市落户方案》，在"十三五"期间，要解决年均 1300 万非户籍人口的落户问题，力争将户籍人口城镇化率年均提高 1 个百分点，城镇化的重点已转至以人口为核心的城镇化。与此同时，2018 年，国务院印发了《乡村振兴战略规划（2018—2022 年）》，从产业兴旺、生态宜居、乡风文明、治理有效、生活富裕五个方面构建乡村振兴建设体系，以期解决农村环境不断恶化、农业比重不断下降、农村人口不断减少等问题。

受中国城乡二元经济结构的影响，农村剩余劳动力向东部发达地区转移实际上已有一段历史。据国家卫健委发布的《中国流动人口发展报告（2010）》显示，20 世纪 80 年代末，中国的乡镇企业开始快速发展，大批农村剩余劳动力开始向城镇转移，流动人口的年均增长率达到 7% 左右。从 90 年代开始，中央逐渐取消了农村剩余劳动力向城市转移的户籍限制，全国流动人口规模持续扩大，由 1982 年的 657 万人增加到 2005 年的 1.47 亿人，是农村外流劳动力流动最为频繁的时期。2008 年，美国次贷危机爆发，中国作为世界上规模最大的制造业国家，不少沿海企业订单量骤减，受待遇工资过低与身份歧视的双重影响，大量农村外流劳动力下岗返乡。直到 2010 年，全球经济开始复苏，中西部地区的城乡经济依靠返乡劳动力而迅速崛起，进一步缩小了与东部发达地区的发展差距，导致东部沿海企业出现了大面积的"民工荒"，沿海城市的企业在春节过后普遍面临"招工难"的现象，截至 2014 年，16～59 岁的适龄劳动人口数量已减少 371 万人[①]。随后，受"计划生育政策"的影响，农村外流劳动力开始呈现老龄化和回流趋势，据《中国流动人口发展报告（2018）》显示，流动人口规模自 2014 年起由持续上升转为缓慢下降，2015～2017 年期间，流动人口总量分别下滑 600 万人、171 万人和 82 万人，其中返乡回流的人口主要集中在 40～50 岁及 20～30 岁这一年龄段，约占 2017 年流动人口规模 2.44 亿人的 22.8%。农村外流劳动力的大规模回流导致劳动力成本上升，部分企业为维持营业利润，开始将产业向东南亚地区转移，中国靠人口红利刺激经济飞速发展的日子一去不复返。

与此同时，农村外流劳动力已成为城镇劳动力市场的主要来源。根据国家卫健委发布的数据，2017 年中国流动人口总量为 2.44 亿人，其中农村外流劳动力规模为 1.72 亿人，占中国流动人口总量的 70.5%，占中国城镇就业人口总量的 40.5%，农村外流劳动力已然是城市劳动力市场的主力军。此外，国家统计局 2016 年的数据显示，城市中 20 岁及以下人口总量约为 1.2

---

① 国家统计局 2015 年 1 月 20 日发布的经济数据。

亿人，占 20~59 岁人口总量的 25.2%，农村中 20 岁及以下人口总量约为 2.4 亿人，占 20~59 岁人口总量的 33.3%，即使在今后相当长一段时间内，农村外流劳动力仍是城市劳动力市场的主要来源。

自此，农村外流劳动力对于城市经济社会发展的重要性开始逐渐引起学术界与政界的关注。从学术界来看，关于农村外流劳动力的研究在 2008~2010 年期间达到了高峰，这一时期在 CSSCI 源刊上发表的相关成果就累计高达 600 余篇，是历年发表数量之最。从政界来看，2015 年，中国共产党第十八届中央委员会第五次全体会议通过"全面二孩"政策的审议，标志着持续 35 年的城镇人口计划生育时代的终结，之后，各大城市进一步放开人口流动的户籍限制，要求不得以户籍迁移等理由限制人口的自由流动，这些无疑都是刺激人口结构红利助推中国经济发展的重大举措。

1.1.2　研究意义

本书基于新经济迁移理论，从微观层面提出农村外流劳动力的市民化意愿及回流意愿的若干假设，并运用现代统计分析方法对其进行实证检验，保证了结果的准确性与合理性，是农村外流劳动力趋势研究的有力补充。此外，本书对于地方政府制定关于乡村振兴和新型城镇化建设的决策提供了研究依据。本书的最大特点在于进行了大量对比分析，从市民化意愿和回流意愿的层面来看，既包括了城乡流动人口基本情况的对比，也有个体因素、社会因素和经济因素的影响对比，还有房价对不同年龄流动人口的推拉效应对比，以此反映政策制定的针对性。

1.2　相关研究述评

1.2.1　关于农业转移人口市民化的影响因素述评

就此问题，国内外研究学者早已对农业转移人口在市民化过程中的影响因素展开了研究，大体上可分为分为个体因素、社会因素和经济因素三类。

（1）个体因素。张斐（2011）以新生代农业转移人口市民化的影响因素进行回归分析，结果表明性别、年龄等个体因素对市民化水平提升存在显著影响，但是家庭因素的影响微乎其微。王桂新和胡健（2015）利用2011年的流动人口抽样调查数据定量研究农民工市民化意愿的影响，得出已婚、年龄越大、受教育程度越高的农民工市民化意愿越大的结论。张启春和冀红梅（2017）对武汉城市圈农业转移人口建立二元Logit模型分析市民化的影响因素，发现年龄、子女随迁、受教育程度等个体因素都具有很重要的影响。

（2）社会因素。黄锟（2011）将影响农民工市民化的制度因素归结为城乡二元制度，并通过Logit回归发现市民化能力的有效解决是市民化水平提升的关键因素。何一鸣等（2014）借助微观契约模型从制度供求的视角对市民化的问题进行研究，实证结果表明农业转移人口的积分落户资格、子女能够享受公办教育都会提升市民化水平。贾男和马俊龙（2015）采用Probit模型和极大似然估计方法实证检验"新农合"对农村劳动力流动的锁定效应，研究发现"新农合"会降低农业转移人口的流出率。张文武等（2018）采用IVprobit模型实证检验城乡社保对农业转移人口市民化的影响，研究发现城市社保具有正向影响，农村社保具有负向影响。

（3）经济因素。辜胜阻等（2014）的研究发现缺少就业机会以及职业的不稳定是阻碍农业转移人口市民化的主要因素。张江雪和汤宇（2017）从居住意愿和居住条件两方面构建Biprobit模型，发现随着农业转移人口年龄的增加，职业对市民化的影响也会越来越大。王瑜等（2018）以成都地区农业转移人口为研究对象，通过生活工资Anker法测算市民化的经济门槛，研究发现，具有市民化意愿的农业转移人口中半数以上达到了低水准市民化能力。

近年来，农业转移人口的健康问题也越来越引起人们的重视。一种观点认为，农业转移人口的健康状况越好，其从事非农就业的可能性就越大（魏众，2004；江求川和张克中，2013；杨利春和陈远，2017），而身体健康状况欠佳则会影响其外出务工劳动供给，农业转移人口会产生回流决策（秦立建等，2012，2014），并且这种转移会让家中父母分担更多的农务而降低养老保障水平（戴卫东和孔庆洋，2005）。不过，也有学者对此持不同观点，他们认为外出务工不仅能够提高农村转移人口的健康水平，而且在农村养老服务供给充足时反而会有利于农村留守老人的健康（刘晓昀，2010；王小龙和兰永生，2011；唐浩和施光荣，2014）。另一种观点认为，劳动力流动的主要原因已经由为获得高额的收入报酬转变为健康状况，农村劳动力在选择是否流出时，除了会考虑自身健康状况的效率效应外，还会考虑家庭成员健康的配置效应（孙顶强和冯紫曦，2015）。

从现有关于农业转移人口市民化的影响因素及健康问题来看，学者们从不同角度进行了阐述与论证，对农业转移人口市民化提出了不少宝贵意见，但是个体因素、社会因素和经济因素仍是学者们的主要关注点，健康因素对市民化的影响还没有引起足够的重视。为此，本书将以农业转移人口的健康因素为核心解释变量，结合现有研究成果，分群体、区域和城市探讨农业转移人口市民化意愿的影响因素，因城施策提出更具针对性的政策建议。

1.2.2 关于农村外流劳动力回流的述评

关于农村外流劳动力回流的研究始于拉文斯坦（Ravenstein，1985）对迁移群体的观察，他发现任何一次大规模的人口迁移都会随之产生一次"补偿性"的逆向迁移，这是劳动力回流的首次正式阐述。由于迁移框架和量化统计等一系列难题，国外学者们曾忽视过劳动力回流这一特殊问题（齐小兵，2013），然而，随着迁移者们返乡定居越来越成为一种普遍现象，国内外学者从不同的研究视角对劳动力回流问题展开研究，大体上可划分为三类。

一是对劳动力回流的统计研究。国外的研究表明，劳动力回流早已成为一种常态，而不是偶然现象。拉布瑞恩尼蒂斯和西卡斯（Labrianidis & Sykas，2010）以西欧地区的北非移民为研究对象，研究发现，在居住地获取合法居留证明之后，仍有半数以上的流动人口会选择回流。在我国，大量农村剩余劳动力进入城市的同时，也伴随着劳动力回流现象。不少研究机构和学者都对回流群体的规模进行了估计和预测，他们发现，近年来返乡创业的农民工规模已达 500 万~800 万左右，占外出农民工的 3%~8%，且回流总体规模正以约 7% 的速度高速增长，占农村劳动力比重年均增长率可达 14.6%，截至 2018 年，22.8% 的流动人口在回流。[1]

二是劳动力回流的原因和机制。学者们较多从经济因素中寻找劳动力回流的原因，他们认为劳动力做出回流决策主要是基于比较收益、投资累积的

---

① 国家统计局农村经济调查司。

回报以及个人的主观偏好（Dustmann et al.，1996；盛亦男和孙猛，2009）。也有一部分学者认为，社会人文、家乡情怀、政策环境等社会因素会对劳动力回流产生一定影响（李郇和殷江滨，2012；刘美玉，2013）。此外，还有学者对回流的时期、类型等展开了更为细致的研究。例如，王春超等（2010）认为相对收入的减少只会造成"短期回流"，由于农村地区缺乏回流机制，农村剩余劳动力终将流向就业相对宽松的地区。任远和施闻（2017）基于新古典经济学和新经济迁移理论，将回流类型划分为因家庭老人、小孩需要被照顾等"被动回流"和因个人职业发展等"主动回流"两个部分，并运用实证分析的方法验证了二者相互作用对劳动力回流决策的影响。杨忍等（2018）对回流前后的职业选择进行了比较分析，发现回流劳动力更加倾向于从事非农行业，特别是批发零售业等服务型产业。

三是劳动力的回流效应。国内外许多学者已经对回流效应进行研究，一部分学者通过研究得出劳动力回流不利于当地的发展。康登和奥格登（Con-don & Ogden，1996）、库莱等（Kule et al.，2006）基于相关研究发现，回流劳动力将积蓄用于个人消费和装饰房屋，给当地带来一股攀比之风。白南生和何宇鹏（2002）则认为返乡劳动力会加剧农村劳动力"剩余"。陈兵和王文川（2010）对安徽和四川两省研究，发现大部分劳动力返乡后仍从事传统农业生产，导致当地土地资源紧缺。另一部分学者则认为迁移者返乡回流对当地的发展具有促进作用。金和斯特洛恩（King & Strachan，1984）认为外出劳动力回流往往伴随着资本回流，提高了劳动力在当地的经济地位，给家庭提供了更稳固的社会保障。艾拉西（Ilahi，1998）认为回流资金能有效地促进当地企业发展，增加大量就业岗位。罗凯（2009）认为劳动力返乡后有助于促进当地职业多样化，有利于乡村自治机制的发展。

事实上，早有学者认为，地方政府对人才回流的重视程度是影响劳动力返乡的决定性因素（胡俊波，2015）。然而，长期以来，政策制定者缺乏换位思考，导致现有返乡创业政策在外流劳动力心中的地位不高。因此，越来越多的学者开始呼吁，制定政策应更多关注劳动力的回流意愿。对于劳动力回流意愿的研究，学者们从不同的研究视角对此问题展开研究，得出的结论也并不一致。李强和龙文进（2009）运用定序 Probit 模型对农民工调查数据进行实证分析，结果显示教育对返乡意愿的影响最明显，受教育程度越高，其返乡意愿则越低。熊智伟和王征兵（2011）利用因子分析和结构方程模型实证检验了江西省 262 名农民工的返乡意愿，发现返乡创业意愿易于受到家庭成员的影响。景晓芬和马凤鸣（2012）的研究表明，"80 后"的新生代农民工返乡意愿要明显低于"80 前"。胡枫和史宇鹏（2013）运用多元 Logit 模型对湖北省的农村劳动力调查数据进行检验，实证结果表明，有赡养老人需求的家庭会更加倾向于回流。此外，也有研究表明，是否参加新型农村合作医疗、收入、年龄、人力资本、是否有住房等个体因素、社会因素和家庭特征会显著影响农民工返乡意愿（秦雪征等，2014；甘宇，2015；匡远凤，2018）。

从现有文献来看，国内外学者已经就农村劳动力回流展开了大量研究，尽管已经取得了不小的收获，但从农村外流劳动力微观行为角度研究回流意愿还不多见。学者们对农民工回流现象及意愿的研究往往是基于局部区域的部分样本所得，然而，通过对现有文献的梳理后发现，农民工回流决策是一个集个体因素、经济因素和社会因素多元合一需要综合考虑的结果，且这种决策具有一定的时空异质性，需要研究者对研究结果按照农民工的代际和所在区域进行细化。

1.2.3 关于房价上涨对居民行为选择影响的述评

关于房价上涨对居民行为选择的影响，国内外学者已做了大量研究，总体上来看，主要可归纳为三类。

（1）房价上涨对居民消费的直接影响。对消费的影响是现有文献中数量最多的研究，对于房价上涨究竟会刺激还是抑制居民消费，学术界一直存在较大争议。第一种观点认为，面对快速上涨的房价，自有住房家庭的财富上升，而无自有房的居民会放弃购买住房，两者都会促进居民的非住房消费（Iacoviello，2005；况伟大，2011；杜莉等，2013；李剑，2015）。第二种观点认为，高价过快上涨会对消费产生"挤出效应"（谭政勋，2010；李春风等，2014；鞠方等，2017）。第三种观点认为，居民消费行为主要受消费习惯影响，与房价的"财富效应"无关（李祥和李勇刚，2013；胡静和黎东升，2018）。

还有一些学者认为，促进或抑制的影响取决于"财富效应"与"预算约束效应"的大小（丁攀和胡宗义，2008；严金海和丰雷，2012），因此，应当基于异质性的视角对此问题展开研究。坎贝尔和科科（Campbell & Cocco，2007）的研究表明房价对老年房东消费影响最大，对青年租客影响最小。戴颖杰和周奎省（2012）发现普通商品房和经济适用房价格上涨会抑制消费，但是高档住宅价格上涨反而会带来"财富效应"。陈健和高波（2012）认为东中部地区不能发挥房价的"财富效应"而抑制消费，西部地区能正向发挥房价的"财富效应"而促进消费。段忠东（2014）对房价影响消费的门限效应进行了实证研究，研究发现，住房对高首付比地区的低收入群体和低首付地区的高收入群体会产生消费的正向影响。周华东和高玲玲（2014）对我国29个城市2001～2010年的面板数据进行了实证分析，结果显示2005年后房价才体现出"挤出效应"。肖卫国等（2014）的结果表明，房价上涨对消费的促进作用或抑制作用取决于家庭流动性约束的变化。李剑和臧旭恒（2015）认为高房价促进了中等收入群体的消费，抑制了低收入群体的消费，对高收入群体则不会产生影响。

（2）房价上涨对居民消费的间接影响。房价上涨对居民消费的另一种影响是提高了储蓄率，持这种观点的学者认为，房价快速上涨增加了富裕家庭对房地产投资的引致需求，中低收入阶层不得不提高储蓄率（Skinner，1989；陈彦斌和邱哲圣，2011）。为此，学者们利用计量分析的手段对其影响程度进行了测算。霍因斯和麦克法登（Hoynes & McFadden，1994）利用1984～1989年密歇根大学的家户调查数据，发现地区房价每上涨1%，储蓄率会上升0.26%。陈斌开和杨汝岱（2013）利用2002～2007年的城镇住户调查家户数据进行分析，发现房价上涨1%会导致居民储蓄率上升0.067%。李雪松和黄彦彦（2015）运用内生转换回归模型对2011年中国家庭金融调查数据进行了实证分析，发现房价上涨率对储蓄率的影响系数显著为1.645。王策和周博（2016）认为房价上涨会引起居民预防性储蓄，由房价所引发的涟漪效应将使预防性储蓄动机增强52%左右。

也有学者对此持不同意见，王馨和文艺（Wang & Wen，2011）的研究表明，对于我国20%以上的储蓄率，房价上涨的解释力度不超过1/5。赵西亮等（2014）利用2002年和2007年的中国居民收入调查数据进行了对比分析，发现房价快速上涨不是居民储蓄率的关键性因素。

（3）房价上涨对居民流动行为的影响。高房价对人口具有"推力"还是"拉力"是除消费影响之外的另一国际性热点问题（Helpman，1998；Saiz，2007；Gonzalez & Ortega，2011）。国内不少学者也就这一话题进行了深入分析，大多数学者的观点认为劳动力流动受区域房价差异的影响，城市房价过高往往会导致相对就业人数的减少，这也是我国东、中、西部地区人口流动趋势的一个主要原因（高波等，2011；刘志伟，2013；张传勇，2016）。然而，也有研究表明，高房价对各大中小城市的人口集聚不但没有产生负面影响，反而因高房价伴随而来的就业机会、公共服务等因素，促进了人口向城市集聚（李超和张超，2015）。最新的研究表明，房价与人口流动迁移的关系可能不是简单的线性关系，而是一种倒 U 型关系，即前期以"拉力"为主，后期以"推力"为主（张莉等，2017；杨巧和陈诚，2018）。

也有学者细分劳动力群体进行异质性分析，例如，董海军和肖盟（2008）以青年群体为研究对象，发现房价过高的住宅已成为城市青年生活成本最大的一项开支，最终将导致城市青年向其他城市流动或返乡回流。周建华和周倩（2013）以农民工为研究对象，在高房价背景下，受制于社会融入低、居住迁移成本低等因素，农民工易于迁移到城市边缘地区，居住空间分异格局在逐渐加强。孔艳芳（2015）的研究表明，高房价只会抑制有购房能力的市民化进程，而对于经济能力较弱的群体，这种抑制作用的效果不明显。韩民春和冯钟（2017）则对房价收入比的"门槛效应"进行了分析，发现房价收入比超过 0.115 时才会对人口城市化进程产生抑制性作用。张佐敏等（2018）将就业人口按产业进行划分，发现房价对第一产业劳动人口的"驱逐效应"要明显大于第二、第三产业。江永红等（2018）探讨了房价上涨与区域性房价差异对异质性劳动力流动的影响，结果表明房价上涨有利于知识型、复合型人才的集聚，而促使低端技能劳动力外流。

此外，还有一些研究领域也引起了学者们的关注，并形成了一系列的结论。例如，房价上涨会显著降低居民的主观幸福感（林江等，2012；安虎森和叶金珍，2018）、房价上涨降低了居民生育率（李勇刚等，2012；宋德勇等，2017）、房价上涨会阻碍无房群体的创业活动（吴晓瑜等，2014）、房价上涨与离婚率攀升高度相关（范子英和胡贤敏，2015）、房价收入比越高，犯罪率也越高（常雪等，2018）、房价上涨能显著提升居民的风险偏好（张光利和刘小元，2018）。

由此可见，国内外学者已就房价对居民行为的影响做了大量细致的工作，近年来，已有许多文献基于微观个体的视角对此问题展开研究，但从迁移意愿这一出发点进行的研究还不多见，事实上，迁移意愿是居民行为决策中的关键因素，而流动人口又是最易于因此产生行为的对象群体。与现有研究相比，本书认为至少在两个方面进行了创新：一是从高房价收入比对流动人口迁移意愿的影响来研究高房价的"驱逐效应"，是对现有影响居民行为决策研究的一种补充和学术延伸；二是运用双重倍差法以解决城市房价的内生性问题，并对结果进行稳健性检验和拓展性分析，以保证结果的合理性和可靠性。

1.2.4 关于生态足迹模型下的人口适度规模研究的述评

20 世纪 90 年代，自加拿大学者瓦克纳格尔和里斯（Wackernagel & Rees，1997）首次提出生态足迹模型后，这种用于评价可持续发展的方法已广泛应用于各个领域。从国内相关研究来看，大致分为两类。

一是生态足迹模型的改进。传统的生态足迹模型中，用于计算的均衡因子源自全球生物产量，将其应用于各个国家和地区难以保证结果的合理性。在此基础上，国内研究学者相继提出以"国家公顷"为基础的改进生态足迹模型（顾晓薇等，2005）、能值改进生态足迹模型（Zhao et al.，2005）和净初级生产力的生态足迹模型（Venettoulis et al.，2008），三种模型成为国内应用最多的生态足迹模型。之后，有学者认为生态可持续发展不应只关注自然资本流量，也应关注自然资本存量对生态系统平衡的关键性作用（Niccolucci et al.，2011；方恺，2012），进而提出了生态足迹三维模型，在原有模型基础上增加"足迹深度"这一维度，将生态足迹模型推向了新的高度。从当前发展趋势来看，学者们仍在不断完善和改进生态足迹模型，关注的焦点也越来越聚集于土地的"空间兼容性"等一系列具有中国特色的实际问题（宫盛男等，2018）。

二是基于生态足迹模型的测算。国内对生态足迹的测算始于 21 世纪初，徐中民等（2001）利用 1995 年的生态自然资源数据对张掖地区的生态赤字情况进行了测算。此后，越来越多的学者运用生态足迹模型从国家、区域和市县的层面对生态可持续能力进行了估算，研究方法也逐渐由静态分析转变为动态分析（王文国等，2011；周静和管卫华，2012）。从其研究阶段来看，早年学者们往往从水域、耕地或部门进行单方面测算（吴志峰等，2006；曹新向，2006；贺成龙等，2009），之后开始从耕地、草地、林地、化石能源用地、建筑用地和海洋等六大类生产性土地全面考察生态赤字的情况（周冯琦，2007；崔维军等，2010；安宝晟和程国栋，2014；杨洁，2016）。此外，在新型城镇化建设的背景下，生态足迹也越来越与城镇化建设联系紧密。在相关研究中，较为有代表性的是生态补偿研究。生态补偿的标准往往依据的是生态系统服务价值的评估（章锦河等，2005），目前为止，生态系统服务价值的评估并没有一个统一的标准，国内学者通常使用克斯坦萨（Costanza，1997）和谢高地等（2003）研究的生态系统服务价值测算其补偿金额。除此之外，生态足迹效率、生态补偿系数也常被用作生态补偿量的测算依据（蔡海生等，2010；卢新海和柯善淦，2016；徐秀美和郑言，2017）。另一个较有代表性的是城市人口适度规模研究。这类研究以测算出的生态承载力和生态足迹为依据，估计人口规模的生态容纳量（包正君和赵和生，2009；张建坤等，2010；陈金泉等，2017）。

近年来，生态足迹理论已经不仅仅局限于生态测算而呈现出新的发展方向。黄海等（2013）基于生态足迹理论提出了土地生态压力指数，形成了评价土地生态安全的系统性方法。舒畅和乔娟（2016）采用生态足迹法构建塔皮奥（Tapio）弹性脱钩理论，分析了我国养殖业脱钩效应。史丹和王俊杰（2016）以单位生态足迹的 GDP 产出来表征生态效率，研究表明中国的生态效率远低于全球大多数国家。吴德存等（2017）基于 2003～2013 年我国 30 个省份的生态足迹数据计算影响省域生态足迹变化的空间溢出效应，结果表明人口规模具有显著的溢出效应。

1.3　研究内容

农村外流劳动力对我国经济社会发展起到了重要的推动作用，其去留意向关乎着新型城镇化建设与乡村振兴战略的能否顺利实现。本书通过对比城乡流动人口的市民化意愿与回流意愿，运用定序 Logit 模型、双重差分模型（DID）、生态足迹模型以及"标准人"系数等一系列现代统计方法，先后对农村外流劳动力的市民化意愿和回流意愿、房价的推拉效应、财政转移支付的挂钩机制以及人口适度规模等问题进行了实证检验。

本书内容结构分为 8 章。第 1 章为绪论。主要交代本书的研究背景、研究意义、研究内容、研究思路与方法及创新点。第 2 章为农村外流劳动力的文献计量分析。主要运用"热词"搜索软件 CiteSpace 与文献计量软件 SATI 对"农村外流劳动力"这一关键词进行文献检索，先后对 1998～2020 年的研究者、合作机构、关键词突现、主题知识演进趋势及研究热点进行可视化展示。第 3 章为城乡流动人口的现状对比分析。运用 2017 年中国流动人口动态监测调查数据，将流动人口按户籍划分为城市流动人口与农村流动人口，通过对比分析城乡流动人口基本情况、社会情况、经济情况、流动情况的差异，为后续实证分析提供现实依据。第 4 章和第 5 章分别为农村外流劳动力市民化意愿与回流意愿的影响因素研究。主要利用 2015～2017 年中国流动人口动态监测调查数据，清理出农村外流劳动力样本子数据库，并借助定序 Logit 模型从个体层面、社会层面及经济层面定量分析两种意愿的影响因素，并在此基础上，对比非农户籍、不同区域与不同城市的异质性回归结果。第 6 章为房价对农村外流劳动力的推拉效应研究。主要借助双重差分模型（DID）的方法，实证检验高房价收入比这一关键性因素对不同年龄段流动人口的影响效果，寻找房价快速上涨对流动人口带来的推拉效应。第 7 章为湖南省农村外流劳动力的调查研究。这一章主要是针对湖南省内农村外流劳动力的研究分析，主要包括三个方面内容：一是农业转移人口市民化的财政转移支付机制研究，运用常住人口"标准人"系数尝试将湖南省 14 个地市州的人口市民化程度与财政转移支付制度挂钩；二是生态足迹模型下的人口适度规模研究，运用生态足迹理论模型，从生态承载力与生态足迹两方面对常德市的人口适度规模进行测算，从生态环保的视角寻找城市的人口适度规模；三是湖南省人才返乡意愿的调查研究，寻找人才回流的主要障碍与政策缺失。第 8 章为乡村振兴的相关政策建议。分别从市民化、回流、房地产、财政与生态五个层面提出相关的政策建议。

总结各章节的研究成果，可以归纳为以下三点：一是健康因素在很大程度上影响了农业转移人口市民化的决策，其影响程度在东部地区最为明显，教育在中、西部地区对农业转移人口市民化的影响更明显，经济因素具有较强的异质性，婚姻对市民化存在正向影响，年龄、性别与子女性别的影响作用较小。二是本地有房会增加农村外流劳动力的回流意愿；未婚、受教育程度低、累计流动时间短、年龄大和职业不稳定会增加农村外流劳动力的回流意愿；受教育程度的影响主要来源于三、四线城市，年龄和职业的影响主要来源中、西部地区，预期收入降低会加速东部地区及一、二线城市的农村外流劳动力回流；农村外流劳动力的回流意愿不存在性别差异。三是高房价会导致 20～30 岁的流动人口迁出本地，会增加 40 岁以上流动人口的居留意愿。高房价会阻碍 20～30 岁流动人口在本地落户的意愿，但优惠住房政策能够有效减少 20～30 岁高学历人才的流失，此外，高房价不是流动人口返乡的关键性因素。

1.4　研究思路与方法

1.4.1　研究思路

本书的写作思路立足于农村外流劳动力的市民化与回流决策。鉴于此，将按照"文献综述—现状对比—影响因素分析—异质性分析—调查分析—总结与归纳"的思路展开研究。

本书的总体分析框架如图 1-1 所示。

1.4.2　研究方法

本书的研究方法主要有以下四种：

（1）文献检索法。即通过检索国内外有关农村外流劳动力的相关文献，对其进行整理和分类，从农业转移人口市民化的影响因素、农村外流劳动力的回流行为、房价上涨对居民行为的影响和生态足迹模型下的人口适度规模四个方面对这一问题进行归纳总结。

（2）比较分析法。比较分析法在研究中较为常见，一般方式为纵向比较和横向比较，纵向比较指的是不同时间点下，某地区的某一经济特征或现象的差异，横向比较指的是在同一时间点下，不同区域的某一经济特征或现象的差异。本书主要是利用 2017 年中国流动人口动态监测数据，对城乡流动人口在婚姻、健康、年龄、职业、收入与住房支出等方面进行横向对比。

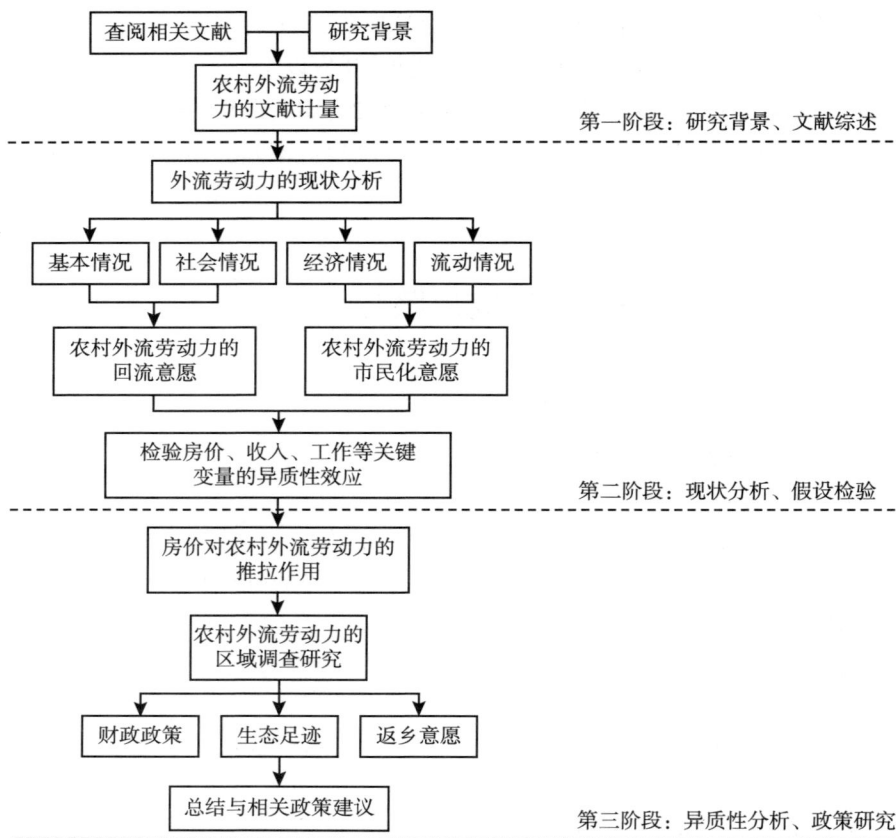

图 1-1　总体分析框架

（3）计量分析法。主要借助计量分析软件 Stata，先后利用"热词"分析方法对农村外流劳动力的研究文献进行可视化处理；运用定序 Logit 模型对农村外流劳动力的市民化意愿与回流意愿的影响因素进行回归分析；通过设置房价与年龄的交互项，运用双重差分模型实证检验房价对流动人口迁移意愿与回流意愿影响的异质性效应；运用常住人口"标准人"系数、生态足迹模型对湖南省和常德市的财政转移支付规模与人口适度规模进行测算。

（4）问卷调查法。设计调查问卷，制订调查方案，采取分层次、等概率、PPS 抽样的方式，在常德市随机抽选发展情况较好与发展情况较差的 12 个村庄进行实地调研，同时，为了解新乡贤、农村户籍大学生的返乡意愿，结合问卷星等线上调查方法进行调查。

1.5　研究的创新点

（1）研究视角的创新。本书关注的焦点问题为农村外流劳动力的迁移行为，既有从市民化意愿的角度展开研究，也有从回流意愿的角度进行深度分析，并且立足于异质性分析，通过对比户籍差异、区域差异与城市差异来进一步寻找影响农村外流劳动力迁移行为的影响因素。可以说，农村外流劳动力的市民化意愿与回流意愿这两种看似矛盾、实则统一的思想始终贯穿全书。

（2）完备的研究体系。本书的研究体系始终秉持四大结合原则。第一，定性分析与定量分析相结合。首先，对相关研究进行述评；其次，对农村外流劳动力的关键词进行热点分析；最后，运用定量分析手段证明全书的研究假设。第二，一手资料与二手数据相结合。本书以国家卫健委流动人口司发布的"流动人口动态监测"数据为主，同时，又以实地调研等一手资料为辅，对全书的定量分析做有益补充。第三，宏观分析与微观分析相结合。本书包含对流动人口动态监测数据的微观计量分析，而湖南省这一传统农业大省的生态、财政等方面的宏观分析也对结论起到了一定补充作用。第四，学术价值与现实意义相结合。本书充分发挥了人口学、经济学、统计学、社会学等多学科交叉优势进行创新，极大丰富了交叉学科领域的研究成果，通过实地调研、座谈会等方式收集、提炼的意见又保证了政策的可行性，对于解决乡村振兴、新型城镇化建设中存在的问题具有十分重要的现实意义。

（3）农村外流劳动力专题面板数据库。本书通过流动人口的户籍所在地筛选出农村外流劳动力的相关数据及其用于异质性分析的非农户籍、区域、城市等数据集。在此基础上，利用现代统计技术手段，将历年农村外流劳动力数据按照指标进行合并，剔除部分数据缺失较为严重的指标，集合并成一个专题面板数据库，不仅为今后相关领域的研究提供了良好的数据支撑，也是流动人口动态监测数据的创新性开发成果。

| 第 2 章 |

农村外流劳动力的文献计量分析

2.1 研究背景

关于农村外流劳动力的研究一直以来就是国内社会学领域的研究热点。从中国知网（CNKI）数据库中可知，以"农村外流劳动力""农民工"等为关键词的文献约有 10.5 万篇，所涉及的领域包括经济学、管理学、社会学、人口学、医学、心理学等各个学科领域，国外关于这一领域的研究起始于 20 世纪 60 年代，而我国学者则是从 20 世纪 80 年代开始关注这一话题。然而，尽管关于农村外流劳动力的研究众多，但是长期以来该领域的研究成果和热点前沿问题是什么？今后该研究领域的演进趋势是什么？这些问题的解答都将有助于了解和把握农村外流劳动力研究的发展方向。结合现有文献计量分析技术，本书将从中国知网（CNKI）中遴选出涉及农村外流劳动力的核心文献，对此类问题进行逐一解答。

2.2 研 究 设 计

2.2.1 数据来源与清理

本书以中国知网中 CSSCI 和 CSCD 数据库作为样本数据来源，具体检索清理步骤如下：首先，本书选定时间样本为 1998～2019 年；其次，在 CSSCI 和 CSCD 数据中心查找包含"农村劳动力"与"外流"、"农村劳动力"与"转移"或"农业转移人口"的文献；最后，剔除综述、会议、报纸等与本书主题不相关的文献，最终得到有效文献 2772 篇。

2.2.2 研究工具

本书选用的研究工具为美国德雷克塞尔大学陈超美博士开发的知识信息图谱可视化软件 CiteSpace，以及文献计量软件 SATI。其中，CiteSpace 软件版本为 CiteSpace V5.0.R7SE（64-bit），SATI 软件版本为 3.1 版。CiteSpace 的最大优势在于，能够基于 Java 环境下科学计算文献中作者、关键词、来源机构等题录信息的数据规律，并以知识图谱的形式展现出来。同时，CiteSpace 还可以进行关键词共现、文献共被引分析，绘制分时动态网络图谱以便于研究者寻找相关知识领域的前沿热点和演进趋势。鉴于 CNKI 数据库的局限性，本书主要对其进行关键词共现分析、知识演进趋势分析以及突发词热点前沿分析。

2.2.3 研究方法

在数据清理、研究工具安装完毕后，将对研究方法进行如下说明。由于在 CNKI 中所提取的信息中不包含文献资料，因此，在热点分析中无法做文献共被引分析。由于 CiteSpace 不能直接使用 CNKI 中下载的数据，需要将导入的 2148 篇核心期刊文献进行格式转换。然后，将时间范围设置为 1998～2019 年，时间分区（yearperslice）设置为 1，知识图谱将以年度为单位进行展现。在术语类型（term type）中，将术语提取的位置设为题目（title）、摘要（abstract）、作者关键词（author keywords，DE）和关键词附加（keywords plus，ID）。在节点类型（node types）中，选择作者（author）、机构（institution）分别进行作者和机构的合作网络分析，选择关键词（keyword）进行关键词共现分析。网络节点的关联强度计算则采用默认的 Cosine 算法，即共现次数在二者出现频次中的占比百分比。在门槛值（thresholds）选项中选择（2，2，20）、（4，3，20）和（4，3，20）来分别确定提取数据的时间段。在网络的裁剪区（pruning）为了降低文献网络的密度，提高网络的可读性，将选用网络寻径（path finder）以及合并网络裁剪（pruning the merged network）功能。在可视化功能区（visualization）中将选用默认的聚类静态试图（cluster view-static）进行展示。选择对数似然算法（LLR）的算法进行聚类分析。

另外，首先，将数据按照 EndNote 格式储存并导入文献题录信息统计分析工具 SATI 3.1；其次，进行字段抽取，提取关键词；再次，进行频次统计，对样本范围内高频关键词进行计数统计；最后，依据频次统计结果对年度发文量、学术机构分布、研究学者所在省区市分布进行统计描述。

2.3 研究现状

2.3.1 年度发文量

本书对 1998 ~ 2019 年 CSSCI 和 CSCD 期刊所刊载的 2772 篇农村外流劳动力研究领域文献进行年度发文量分析。图 2 - 1 反映了农村外流劳动力研究年度发文数量及时间分布。

总体来说，具有以下特征：第一，从时间分布上看，从 1998 年开始，农村外流劳动力研究领域每年都有 CSSCI 或 CSCD 文章发表；第二，从增长趋势上看，年度发文数量总体上存在两次明显的波动；第三，从增长总量上看，2004 年为年度发文数量分水岭，2004 以后年度发文总量增长迅速。具体而言，1998 ~ 2019 年农村外流劳动力领域核心期刊发文情况大体上可分为五个阶段。

（篇）

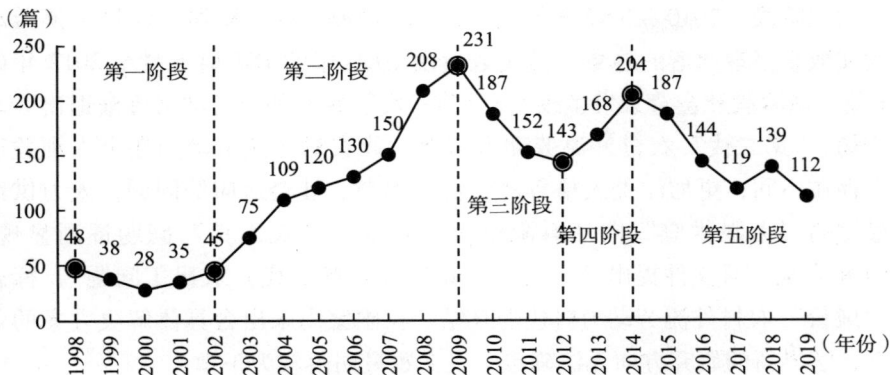

图 2－1　农村外流劳动力研究年度发文数量分布

资料来源：根据 CNKI 数据库整理。

第一阶段（1998～2002 年）：摸索试探阶段。这一阶段，农村外流劳动力研究领域发文数量较少，1998 年发文数量为 48 篇，1999 年发文数量为 38 篇，2000 年发文数量仅为 28 篇，2001 年发文数量为 35 篇，2002 年发文数量为 45 篇，5 年平均发文数量为 38 篇。该阶段发文数量整体偏少，与同时期农村外流劳动力发展水平滞后、研究体系不完善有一定关系。20 世纪末，农村外流劳动力身份才被国家重新界定，21 世纪初，关于农村外流劳动力规范化管理的政策性文件开始颁布。发展的滞后性，导致鲜有学者在这一阶段关注农村外流劳动力问题。在政府和学界均未着重关注农村外流劳动力问题的前提下，该领域发文数量必然较少。

第二阶段（2003～2009 年）：快速增长阶段。这一阶段，农村外流劳动力发文数量快速增长，达到第 1 次峰值，发文数量从 2003 年的 75 篇快速增长至 2009 年的 231 篇。该阶段发文数量快速增长得益于国家对农村外流劳动力问题的重视，2003 年国务院办公厅出台《关于做好农民进城务工就业管理和服务的工作通知》，该文件的出台标志着政府层面对农村外流劳动力问题的政策导向发生了本质性转变，国家开始关注农村外流劳动力这一群体的权利和发展前景。2004 年，中央一号文件首次提出"进城就业的农民工已经成为产业工人的重要组成部分"，标志着农村外流劳动力的身份在政治层面上得到认可。这些政策文件的陆续出台，引发学界对农村外流劳动力问题的热议，促进相关研究的增长，发文数量随之逐年增加达到峰值。

第三阶段（2010～2012 年）：热度冷却阶段。这一阶段，农村外流劳动力发文数量呈现回落的趋势，发文数量由 2010 年的 187 篇下滑至 2012 年的 143 篇。该阶段社会背景发生改变，"第一代"农村外流劳动力逐渐退出劳动力市场，"第二代"农村外流劳动力与上一代农村外流劳动力在个人利益追求上存在不同，更加注重人格尊严、社会参与、社会适应等问题，人力供给由最初的"无限供应"向"有限供应"转变，"民工荒"问题逐渐显现。2010 年中央一号文件提出"着力解决新生代（第二代）农民工问题"，标志着"廉价"农村外流劳动力时代的终结。在国家尚未出台具体解决方案的背景下，学界新的研究方向无法确定，发文数量回落较为正常。

第四阶段（2013～2014 年）：复苏回暖阶段。这一阶段，农村外流劳动力发文数量呈现回暖增长的趋势，2014 年发文数量重新增长至 204 篇，发文数量达到第 2 次峰值。呈现这一特点的原因有两点：一是可能与 2013 年开始农业供给侧改革，农村外流劳动力重新配置有关。二是可能与中共十八大之后"农民工市民化"概念的提出，政府加速完善农村外流劳动力内生激励机制和鼓励农村外流劳动力市民化的政策体系有关。这些举措在激励农村外流劳动力再次向城市发展的同时，也点燃了学者们的开拓农村外流劳动力新研究方向的热情，发文数量自然重新增长。

第五阶段（2015～2019 年）：衰退减弱阶段。这一阶段，农村外流劳动力发文数量存在较大波动且整体呈下降趋势，发文数量由 2015 年的 187 篇下降至 2019 年的 112 篇。该阶段，国家提出农村土地改革、乡村振兴等方针策略，这些方针策略以土地政策、工资收入等角度出发提高了农村外流劳动力返乡的机会成本，进一步促进了农村外流劳动力在城市"扎根"的可能性，加深巩固了原有发展成果。同时，学界在农村外流劳动力领域的研究也由横向发展转变为纵向发展，研究深度不断加深，发文数量数呈现下降趋势较为正常。

2.3.2　学术机构分布

如表 2－1 所示，从学术研究机构发文分布来看，研究农村外流劳动力的学者工作单位分布主要由综合类院校和农林类院校所组成。表 2－1 显示，中国人民大学以 76 篇的最高发文量位居榜首，中南财经政法大学、南开大学、北京大学、武汉大学、南京大学、四川大学、重庆大学，发文量同样排名前十。一般而言，综合类聚集了相对较多的从事经济学、管理学、社会学等领域研究的学者。因此，这类高校在农村外流劳动力研究领域发文数量更多。同时，南京农业大学和华南农业大学发文量分别为 48 篇和 44 篇，位列第 3、第 7。总体而言，综合类院校和农林类院校在人才储备、研究方向以及优势条件等方面具有不同的特点，有利于促进农村外流劳动力研究多元化发展。

表 2－1　　　　　　农村外流劳动力管理的研究机构分布情况

排位	机构名称	发文篇数（篇）	占比（%）
1	中国人民大学	76	2.8
2	中南财经政法大学	49	1.8
3	南京农业大学	48	1.7
4	南开大学	46	1.6
5	北京大学	45	1.6
6	武汉大学	44	1.5
7	华南农业大学	44	1.5
8	南京大学	42	1.5
9	四川大学	41	1.4
10	重庆大学	37	1.3

资料来源：根据 CNKI 数据库整理。

2.3.3　研究学者所在省份分布

由研究学者所在省份分布情况可知（见表 2－2），各省份之间发文数量差异比较明显，中部和东部地区的发文数量明显多于西部地区。具体而言，发文数量最多的是北京，发文数量为 380 篇，占总发文数的 17.7%。由此可见，北京作为首都充分显示了其在农村外流劳动力领域的研究实力，也凸显出北京在国内教育研究领域的不可撼动地位。其次是重庆，发文数量为 138 篇，占总发文数的 6.4%。排名第 3 的是湖北，发文数量为 130 篇，占总发文数的 6.1%。排名前十的省份，累计发文数量为 1270 篇，占总发文数的

59.1%，占比接近六成。

表 2 – 2   农村外流劳动力管理研究的省市区分布

排位	省份	发文篇数（篇）	占比（%）
1	北京	380	17.7
2	重庆	138	6.4
3	湖北	130	6.1
4	吉林	113	5.3
5	河南	110	5.1
6	江苏	109	5.1
7	江西	78	3.6
8	四川	74	3.4
9	山东	72	3.3
10	甘肃	66	3.1

资料来源：根据 CNKI 数据库整理。

2.4   基于关键词共现的研究热点分析

2.4.1   作者合著可视化

核心作者的发文量是衡量研究领域的一个重要指标。据统计，在包含"农村劳动力"与"外流"、"农村劳动力"与"转移"、"农业转移人口"的文献中，发文量在 4 篇以上的核心作者共 22 人，排名比较靠前的作者有程名望、史清华、罗明忠、崔传义和赵德昭等人。作者合著量则表示研究领域的团队协作能力以及对该领域的长期关注，合著越频繁说明团队越关注这一领域，学术影响力也越大。按照 CiteSpace 的可视化参数设置，本书将合著共被引的数量设为 4，运用 CiteSpace 生成知识图谱，节点越大则代表作者的学术影响力越重要。由图 2 – 2 可知，当前关于农村外流劳动力的作者合作仍显得较零散，其子网络中的科研合作著作数量也不多，没有形成较强凝聚力。

图 2-2　作者合著可视化

资料来源：根据 CNKI 数据库整理。

2.4.2 | 研究机构合作可视化

衡量科研合作的另一个指标是研究机构合作程度，运用同样的方法，可以得到作者所在研究机构的合作知识图谱。相比作者合作可视化，科研机构的合作更为频繁，如图 2-3 所示。从合作的空间来看，科研机构仍分布在较少的行政区域，例如，北京市的中国人民大学农业与农村发展学院、陕西省的西北农林科技大学经济管理学院、重庆市的重庆大学贸易与行政学院和上海市的上海交通大学安泰经济与管理学院，这些机构是研究农村外流劳动力管理的核心科研机构。从机构的类型来看，核心科研机构可划分为两类：一是大中专院校的教学机构，如中国人民大学农业与农村发展学院、西北农林科技大学经济管理学院；二是科研机构，如中国科学院地理科学与资源研究所、中国社会科学院人口与劳动经济研究所。从研究机构的最大子网络来看，南开大学经济学院、华南农业大学经济管理学院、陕西师范大学国际商学院和中国科学院地理科学与资源研究所是现阶段农村外流劳动力管理的主要研究机构，说明该领域的研究潜力仍存在较大挖掘空间，如图2－4所示。

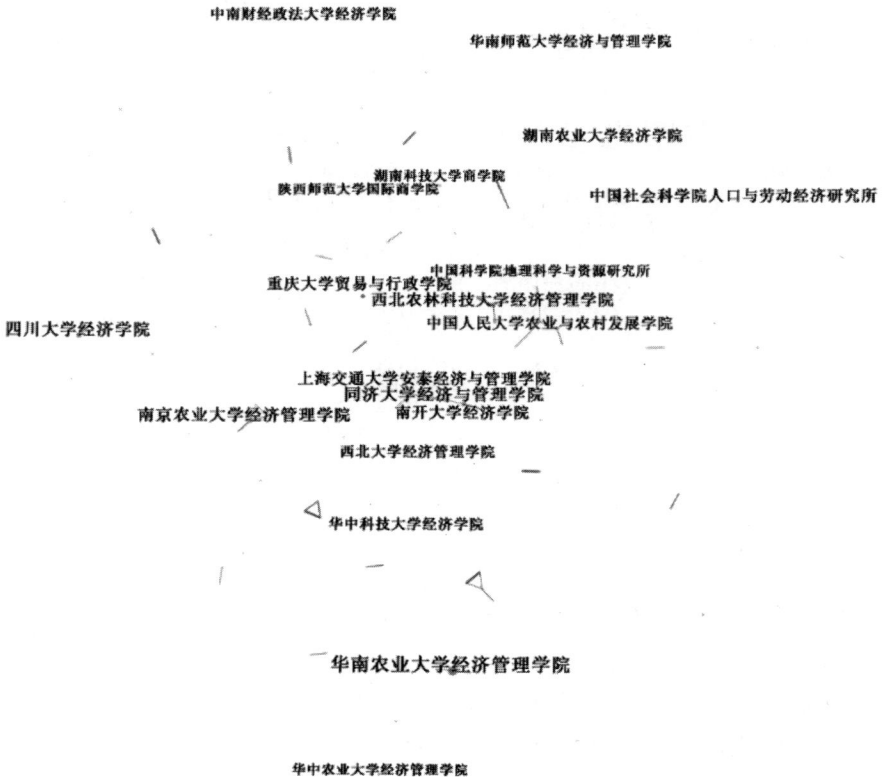

图2－3　研究机构可视化

资料来源：根据 CNKI 数据库整理。

北京大学光华管理学院
湖南科技大学商学院
陕西师范大学国际商学院　　　　　　　　中国社会科学院人口与劳动经济研究所

湖南大学经济与贸易学院

山东理工大学经济学院
中国科学院大学
中国科学院地理科学与资源研究所
北京林业大学经济管理学院　农村发展学院
中国农业科学院农业经济与发展研究所
农业部农村经济研究中心　　　中国社会科学院城市发展与环境研究所
上海财经大学财经研究所
南开大学经济学院

武汉大学经济与管理学院

上海财经大学经济学院
农业部产业政策与法规司

华南农业大学经济管理学院

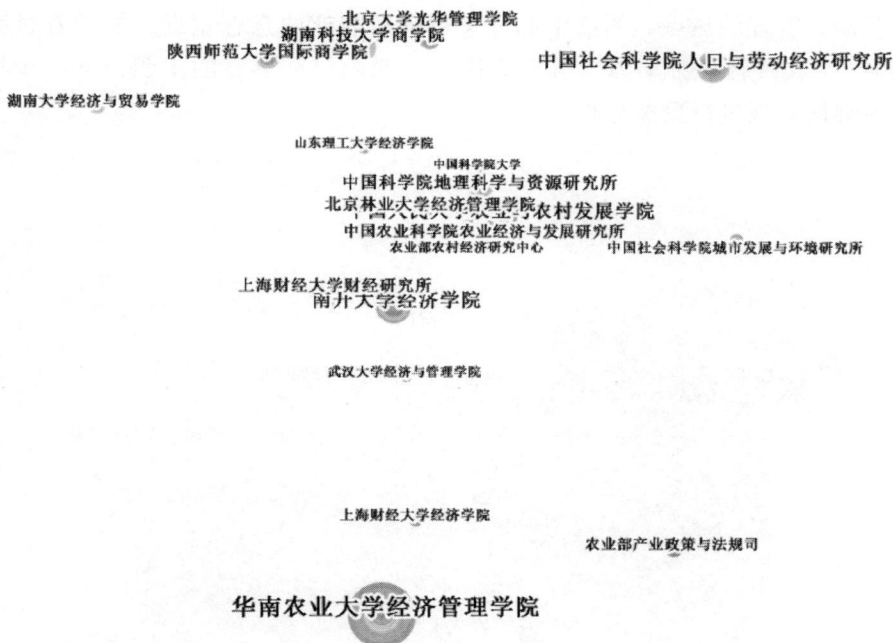

图 2 - 4　研究机构子网络可视化

资料来源：根据 CNKI 数据库整理。

2.4.3　关键词共现

关键词频次与中心性分析，有助于研究者了解在某一时间段内该研究领域所关注的焦点。为挖掘农村外流劳动力管理的研究热点，借助 CiteSpace 将"keyword"设置为节点类型，时间范围为 2000～2018 年，选择寻径算法（path finder），累计生成了 160 个节点、509 条线的关键词被引共现知识图谱，删除中心性低于 0.10 的关键词后，剩余节点数为 114 个。由图 2 - 5 可知，圆圈大小表示关键词出现的频数，关键词字体大小和颜色深浅表示其中心性强度，节点线表示关键词共现的情况。运用 CiteSpace 中的"export-network summary table"功能，可以展示出 2000～2018 年国内核心期刊上农村外流劳动力管理的热点主题和出现频次。结合图 2 - 5，节点较大的关键词有"劳动力转移""农业转移人口""农村劳动力转移""新型城镇化""农村剩余劳动力"，这些关键词形成了农村外流劳动力管理的热点。图谱中部分关键词所表达的意思相近，如"农村劳动力""农村剩余劳动力"等，为进一步明确研究热点的主题，下一步将对关键词共现进行聚类分析。

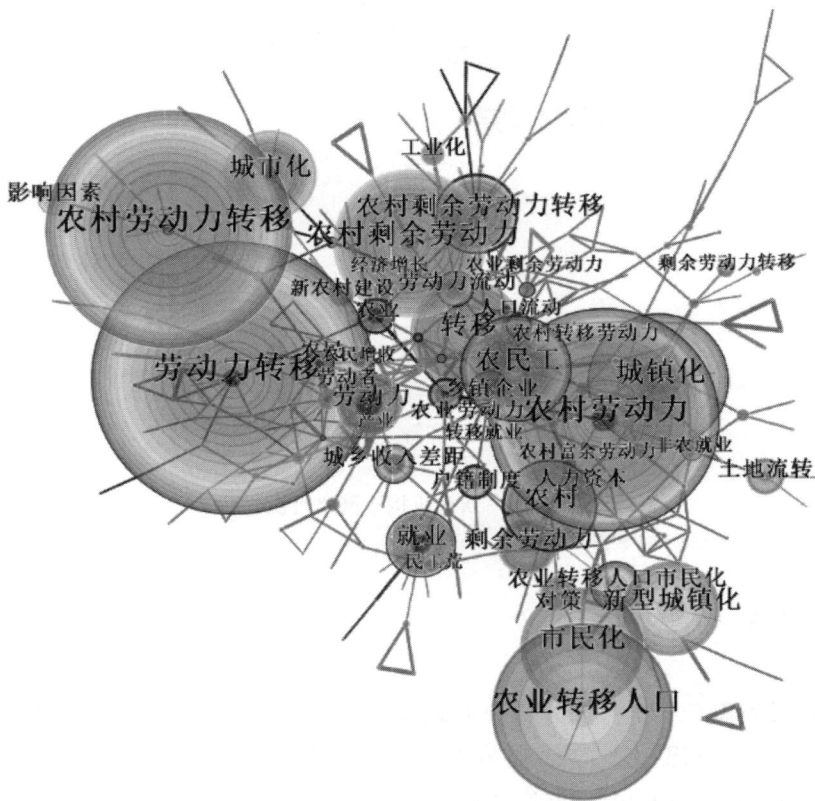

图 2-5 农村外流劳动力管理关键词共现网络知识图谱

资料来源：根据 CNKI 数据库整理。

图 2-6 是关键词共现情况的聚类分析结果，结合农村外流劳动力领域研究实际，本书总结出："政策研究""劳动力转移""农业转移人口市民化""农村经济"为该领域的四大热点主题。

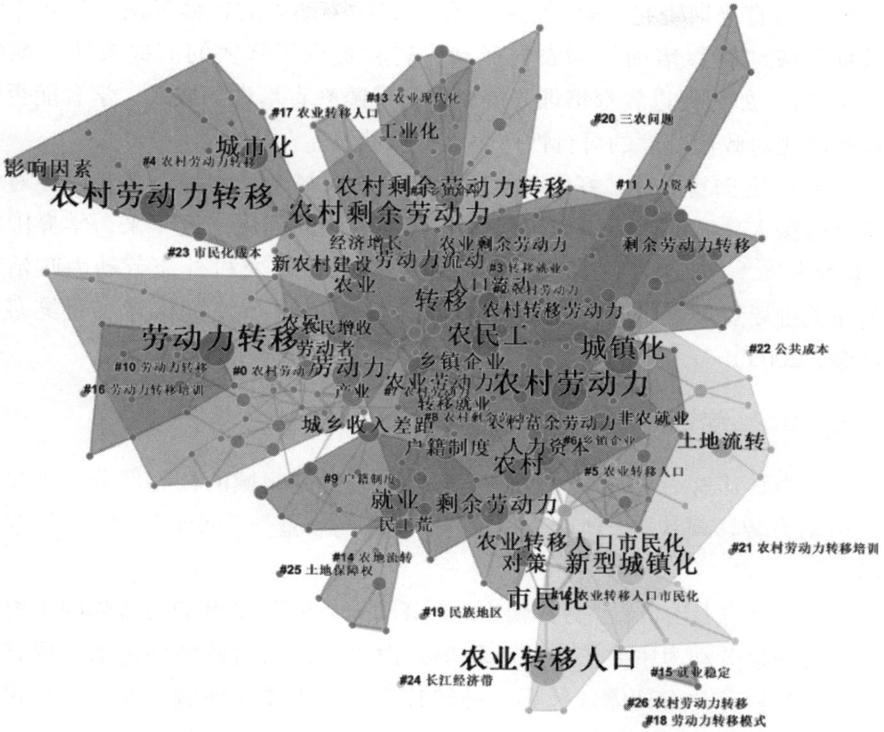

图 2 - 6 农村外流劳动力管理关键词共现的聚类分析

资料来源：根据 CNKI 数据库整理。

2.4.3.1 政策研究

相关政策的制定和颁布对农村外流劳动力规模造成直接影响，如何制定合适的政策促进农村劳动力合理外流是学界一直以来关注的热点，因此，针对这些政策展开研究也是农村外流劳动力研究的基础。在该主题研究中，学者主要关注政策制定背景、教育培训和制度创新三个研究内容。

（1）政策制定背景研究。在农村外流劳动力研究的演进过程中经历了"金融危机""中部崛起""三农问题"等具有鲜明时代内涵和导向作用的背景，这些时代背景促进或阻碍农村劳动力外流（龚晓莺和王朝科，2007；陈帅和张海鹏，2012）。学者需要根据不同背景的特点，通过定性、定量研究，为政府制定配套政策提供理论和现实基础。

（2）教育培训研究。教育培育强化了农村劳动力的转移意识，开展"职业教育"或"转移培训"为农村劳动力转移提供了坚实的前提条件（颜银根，2017）。如何促进教育培训开展，如何保障教育培训的成效，学者能否解决这些问题对政治制度的可行性产生直接影响。

（3）制度创新研究。好的政策制度能推动农村劳动力加速外流，随着学界研究的深入，制度创新研究也是学界持续关注的问题。近年来，学界围绕"要素配置""土地制度""股份制""财政管理"等农村外流劳动力政治制度创新关键要点展开研究，为政策制度的创新提供了坚实的保障（张笑寒和黄贤金，2003）。

2.4.3.2 劳动力转移

劳动力转移这一主题作为农村外流劳动力研究领域的核心部分，主要涉及"劳动力转移现状""理论与模式""收入与就业""回流""代际"五个方面。

（1）"劳动力出口""劳务输出""劳动力外流"是劳动力转移的主要形式，农村剩余劳动力主要依靠这三种形式由农村向国内或国外输出。现有研究显示，农村劳动力具体选择哪一种转移形式，主要受地域、人口、时间等因素影响（邸加萍和李玉江，2008）。

（2）在研究理论与模式方面，"推拉理论""刘易斯拐点""阻力模型"常被学者们运用到劳动力转移研究中（刘根荣，2006；汤希和任志江，2018）。这些研究方法相较过往基于"二元经济"模型开展劳动力转移研究，增加了个体行为机制等方面的分析，研究视角更加全面可观，研究结果更加科学透彻。

（3）在收入与就业方面，研究可分为两个层次：第一个层次围绕"收入"展开，主要由"收入差距""收入分配"组成（刘晓丽和潘方卉，2019）；第二个层次围绕"就业"展开，主要由"就业结构""就业质量""转移就业""异地就业"组成（罗明忠和陶志，2015）。两个层次的研究成果虽然存在一定差异，但是结合两个层次的研究可以发现：转移劳动力的就业质量对收入高低产生显著影响，而转移劳动力收入高低影响劳动力转移的意愿，间接决定转移劳动力的就业方式。

（4）在回流方面，研究主要由"农民工回流""返乡创业"组成。劳动力选择回流，一方面受多社会资本、经济资本、人力资本等多种因素影响（石智雷和杨云彦，2012）；另一方面回流劳动力能够助力农村发展，加速乡村振兴、加快农村地区工业化和城镇化发展（金沙，2009）。

（5）在代际方面，"代际转移""隔代家庭"是主要研究的主题，学者发现劳动力迁移能够激活代际收入流动性，进一步促进社会公平（郝枫和郭荷，2019）。

2.4.3.3　农业转移人口市民化

农业转移人口市民化是农村外流劳动力研究的重要分支，该部分的内容由四个模块组成，分别是"动力机制""意愿与因素""土地产权""成本问题"。

（1）动力机制研究。大多数学者认为工业发展水平仍然是趋势农村劳动力转移的主要动力（杨文兵，2009），也有学者认为在发展落后地区基础设施建设水平的动力牵引作用要大于工业发展水平（唐蜜和肖磊，2014）。因此，结合不同区域的发展实际，找准动力机制是加速农业转移人口市民化的发展关键。

（2）意愿与因素研究。农村劳动力的定居意愿和落户意愿是学界重点关注的问题，研究发现城乡医疗保险、子女教育、健康宣传教育等因素是影响农村劳动力选择市民化的关键因素。因此，推进农业人口市民化，应加速消除农村劳动力对这些因素的顾虑。

（3）土地产权研究。研究显示，土地流转程度越高，农村劳动力越偏向于"市民化"。结合该结论，可以进一步完善农业转移人口市民化机制。

（4）成本问题研究。成本问题研究主要分为两类：第一类，成本问题细化研究，可分为市民化成本、公共成本和人力资本；第二类，优化机制研究，如成本分担机制。将成本问题进行归类细化，有利于全面且系统的开展研究。

2.4.3.4　农村经济

农村劳动力外流影响农村经济的发展速度和质量，农村劳动力大规模外流造成现代乡村建设"无人可用"的局面，如何吸引农村劳动力回流同样也是学界关注和亟须解决的问题。具体而言，学者们主要围绕"乡村振兴"

"产业发展""经营主体"等路径进行研究。在乡村振兴背景下，学者们以"新农村建设""城乡一体化发展"为角度，研究如何扭转农村人力资本流失的局面（周晓芳和扶丁阳，2020）。同时，农村产业健康发展和强化培育新型经营主体也是吸引劳动力回流的关键路径。研究发现调整产业结构、促进产业转移、农业现代化、农业产业化、农村工业化、吸引外商投资等措施能够确保农业产业健康发展，吸引农村劳动力回流。以此为基础进一步深入研究发现，强化培育新型经营主体，发展乡镇企业和社队企业是改变农村产业凋零，吸引劳动力回流的有效路径（辜胜阻等，2013）。综上所述，在关注如何促进劳动力外流的同时，也应该提升对劳动力回流的关注度，把握外流与回流的平衡，促进城市和农村均衡化发展。

2.5 农村外流劳动力管理的知识演进趋势与前沿分析

2.5.1 主题知识演进趋势分析

为进一步探究农村外流劳动力研究的知识演进趋势，本书以 CisteSpace 中的"time zone view"功能为基础，绘制主题关键词共现时区图谱，通过时区图谱分析主题演变情况，如图 2 - 7 所示。

结合农村外流劳动力研究的现状和其热点走向，本书将农村外流劳动力研究演进趋势分为四个时期，具体如下：

2.5.1.1 研究发展期（1998 ~2003 年）

前文述及，20 世纪末期农村外流劳动力身份才被国家重新界定，国家开始对于农村外流劳动力实施有序发展引导，相关研究也开始进入发展期。该时期，市场经济改革促使城乡二元结构产生了较大改变，中共十六大报告中明确提出"农村富余劳动力向非农产业和城镇转移是工业化和现代化的必然

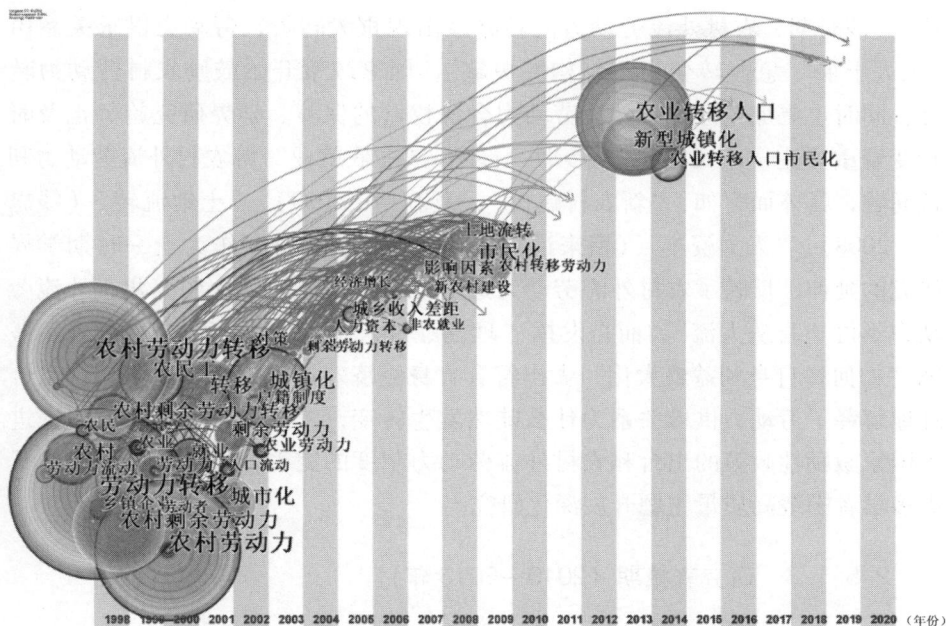

图 2-7 农村外流劳动力管理领域研究时区

资料来源：根据 CNKI 数据库整理。

趋势"，多方面因素助推"农村劳动力转移""劳动力转移""农村劳动力""城镇化"成为这一时期的最主要的研究节点。基于此，学界对"农村剩余劳动力"（董立民和王立峰，2003）、"人口流动"（姚枝仲和周素芳，2003）、"农民工"（彭宅文，2003）等关键词展开持续性研究。这一时期，学界研究发展趋势以横向扩散为主，研究切入点较多，研究范围随时间推移逐步扩大。这些研究一方面为当时社会出现的"民工潮"现象提供了充足的应对措施，同时也为农村劳动力提供了"如何融入城市？"的方案；另一方面也为之后学者开展农村外流劳动力研究奠定了坚实的研究基础。

2.5.1.2 研究延伸期（2004~2009 年）

在上一时期农村外流劳动力研究横向扩张的基础上，2004~2009 年研究重点由横向转为纵向发展，主要节点为"市民化""城乡收入差距""非农就业"。该时期，农村外流劳动力流转路径出现重大转折，劳动力供求关系由"供大于求"急速转变为"结构性短缺"，国家政策开始鼓励农村劳动力转移，同时也更加关注农村外流劳动力合法权益的保障。学界研究趋势也及时转变着重关注"市民化""城乡收入差距""非农就业"等农村外流劳动力利益问题，具体而言如："新农村建设"（夏莉艳，2009）、"土地流转"（钱忠好，2008）、"人力资本"（盛来运，2007）等。这些研究作为上一时期学界研究的延伸，反映了农村外流劳动力这一社会群体思想观念的变化，外流劳动力不再"盲从大流"，而是发挥"理性经济人"的特性，结合自身现实考虑"如何将自身利益最大化"做出符合自身经济效益最大化的决策。这也合理地解释了劳动力供求关系为什么陡然发生转变，这一次转变，一方面推进了国家激励性政策的出台和农村外流劳动力制度的完善，另一方面也促进了更多学者围绕高质量主题开展深化研究。

2.5.1.3　研究衰减期（2010～2013年）

这一时期作为农村外流劳动力研究的衰减期，从词频和中介中心性来看，均进入回落衰减的阶段，最大的研究节点是"农业转移人口""新型城镇化""农业转移人口市民化"，可以看出这一时期的核心主题与上一阶段有一定的相似性。学界围绕"户籍制度"（周世军和周勤，2012）和"城镇化"（张建华，2010）继续开展研究。这一时期，农村外流劳动力研究虽处于衰减期，研究主题相对单一，但学界对农村外流劳动力领域的核心问题"农业转移人口""农业转移人口市民化"保持着关注度，这为下一时期的研究做好了铺垫。

2.5.1.4　研究拓展期（2014～2019年）

这一时期，研究主要围绕"农业转移人口""农业转移人口市民化"两大节点展开。上述两大研究节点，在党中央发展思路和国家政策层面得到印证，具体如下：首先，中共十八大提出"推进农业转移人口市民化"；其次，中共十九大提出"建立健全城乡融合发展的体制机制，促进农民工多渠道就业创业，加快农业转移人口市民化"；最后，国家针对农村外流劳动力问题出台若干政策，例如，2014年《关于进一步推进户籍制度改革的意见》、

2016 年《关于实施支持农业转移人口市民化若干财政政策的通知》、2019 年
《关于坚持农业农村优先发展做好"三农"工作的若干意见》等。学界紧扣
这些思路和政策,从"劳动力回流"(任远和施闻,2017)、"乡村振兴"
(黄季焜和陈丘,2019)、"民族地区"(王延中和宁亚芳,2018)等角度展开
研究。通过梳理政策文件和分析关键词趋势,可以发现这一时期农村外流劳
动力研究得到了进一步拓展。同时,可将当前农村外流劳动力研究总结为状
态、进程、分化和道路四种视角。状态视角主要分析农村外流劳动力的社会
地位和工作类别;进程视角主要研究"城镇化""乡村变迁"两个进程与农
村外流劳动力走向间的关系;分化视角主要围绕代际关系和劳动力转移类型
开展研究;道路视角即市民化过程中的具体路径选择。基于上述四个视角进
行研究,可以发现农村外流劳动力问题在未来仍将是学界重点关注的一个研
究领域。

2.5.2　主题研究前沿分析

关键词出现的频率可以用来衡量主题研究的前沿动态和进展情况。为反
映农村外流劳动力管理研究的最新研究前沿,本书先关注 2000 年以来出现的
突变词,再重点关注 2015 年以来开始出现的突变词,以此对农村外流劳动
力管理形成一个综合性的判断。在 CiteSpace 中通过控制面板的"burstness"
功能可绘制关键词突变率的知识图谱。在 2000 年以来排名前 20 的突发性
关键词中,经过强度分析和咨询相关专家意见,形成了总体方向上的研究
前沿,如图 2 - 8 所示。由图 2 - 8 可知,2015 年以后农村外流劳动力管理
主题发生了改变,"农村外流劳动力"一词成为热点,其突发主题值
(burst)达到 58.09,远高于其他主题关键词,由此衍生出一系列具有潜
力、可挖掘的研究方向。总体来看,农村外流劳动力管理主题研究的前沿
方向可归纳为:"劳动转移就业""人力资本与用工荒""农业转移人口市
民化"。

关键词 （keywords）	年份	强度	启始 年份	终止 年份	2010~2020年时间轴
就业	2010	2.7807	2010	2012	
农村劳动力	2010	5.6204	2010	2012	
农村剩余劳动力	2010	7.8865	2010	2012	
农村富余劳动力	2010	2.9233	2010	2012	
农民增收	2010	3.3670	2010	2012	
剩余劳动力转移	2010	2.9233	2010	2012	
人力资本	2010	4.5081	2010	2011	
转移	2010	4.0449	2010	2013	
民工荒	2010	3.6583	2010	2012	
农业现代化	2010	2.5750	2010	2013	
经济增长	2010	2.6137	2010	2012	
非农就业	2010	2.7214	2010	2012	
农业劳动力	2010	3.2564	2012	2013	
土地流转	2010	3.0398	2012	2013	
转移就业	2010	2.8262	2012	2013	
农业转移人口市民化	2010	4.0600	2013	2016	
城乡一体化	2010	2.5232	2013	2015	
新型城镇化	2010	15.0695	2014	2020	
市民化	2010	18.5738	2016	2020	
农业转移人口	2010	42.6395	2016	2020	

图 2-8　农村外流劳动力管理突发性关键词突现年限分布

注：图为软件自动生成，时间轴中加粗部分相对应为"热点"。
资料来源：根据 CNKI 数据库整理。

2.5.2.1　劳动转移就业

学界普遍认为（常进雄等，2019），农村劳动力的就业领域由农业领域大规模转移至非农部门即为劳动转移就业。首先，大规模的转移就业能够优化生产要素配置；其次，大规模的转移就业有利于保障农业资源得到合理开发，促进农村经济健康发展；最后，大规模的转移就业能够提高农村劳动力素质，推动城市化进程，从而最终有利于缩小城乡差距（黄鹏和石荣丽，2001）。劳动力转移就业问题主要研究如何保持"转移""就业"相互促进发展的关系，因此，劳动力转移就业问题是农村外流劳动力领域一直以来研究的核心问题。

2.5.2.2 人力资本与用工荒

保证劳动力正常供给是政府和学界共同关注的问题，基于此衍生的前沿方向即"人力资本与用工荒"。一部分学者认为，人力资本短缺和"用工荒"指的是"中部崛起""西部大开发"等发展战略推动原落后地区发展，吸引农村劳动力"回流"，造成注入城市的人力资本"抽离"的现象（牛建林，2015）；另一部分学者持不同观点，他们认为人力资本短缺和"用工荒"的内涵是缺少"技能型"农村外流劳动力的供应（饶勇，2012）。

2.5.2.3 农业转移人口市民化

农业转移人口市民化，指的是农村外流劳动力在城市获得合法身份，社会认可度得到提高，在生活上真正融入城市社会的过程（罗其友等，2015）。然而，农村外流劳动力由于家庭、收入等"后顾之忧"对"市民化"存在明显抵触的心理（陈锡文，2012）。因此，推进"农业转移人口市民化"，完善"市民化"制度体系是推动农村外流劳动力向城市转移的关键举措，随着外流劳动力关心的户籍、文化教育、社保医保等问题的解决，越来越多的农业人口将向城市转移，这一问题将成为现在和未来该领域的研究热点。

2.6 研究结论及启示

2.6.1 研究结论

本书通过 CiteSpace 可视化分析软件，对 CSSCI 和 CSCD 数据库中包含"农村劳动力"与"外流"、"农村劳动力"与"转移"、"农业转移人口"的期刊文献分别进行了作者和机构合作分析、关键词共现分析、知识演进趋势与前沿分析，从不同时空角度探讨农村外流劳动力的研究发展趋势，得出了如下结论：

（1）学者间合作开展研究的现象仍不多见，大中专院校的教学机构和科研机构，如中国人民大学农业与农村发展学院和中国科学院地理科学与资源研究所，是农村外流劳动力研究力量的核心力量，行政事业机关需要提高研究参与度。

（2）现阶段农村外流劳动力研究的热点主题为"政策""劳动力转移""农业转移人口市民化""农村经济"，这些主题下包含了"中部崛起""劳动力转移现状""收入与就业""成本问题""乡村振兴""产业发展"等一系列研究热点。

（3）从研究热点的时趋变化来看，相关研究可划分为发展期、延伸期、衰减期和拓展期四个阶段，经过 2010～2013 年的衰减回落期后，2014 年后农村外流劳动力研究进入拓展时期，现阶段农村外流劳动力研究可总结为状态、进程、分化和道路四种视角。

（4）未来农村外流劳动力研究主线将以农村外流劳动力为主线，向"劳动转移就业""人力资本与用工荒""农业转移人口市民化"三个方向发展。

2.6.2 启示

在"农民市民化"建设的背景下，推进农村外流劳动力转移已成为新型城镇化战略顺利实施的关键一环，运用知识图谱进行分析有助于反思和审视推进农村外流劳动力过程中存在的不足和问题，精准测度未来研究的发展方向，对深化农村外流劳动力研究具有一定的启示意义。

（1）加速完善"市民化"政策。从农村外流劳动力的角度出发，构建成本分担体系，帮助农村外流劳动力解决户籍、教育、养老、住房保障、社区服务等问题，降低流入成本，让想向城市转移的劳动力没有"后顾之忧"。

（2）优先推进核心城市的城市化进程。中心和副中心城市是吸引农村外流劳动力"市民化"的重要基地，政府应根据农村外流劳动力的流动特点，充分发挥政府的引导作用，吸引农村外流劳动力向中心城市和副中心城市聚集，拉近农村外流劳动力户籍地和落户地的距离，助推农村外流劳动力尽快、尽早落户城市。

（3）提升农村外流劳动力的幸福感、获得感、归属感和成就感。政府及用人单位对高素质农村外流劳动力应给与晋升提拔、提高工资待遇、嘉奖表彰的机会，增强社会对他们的认同感，以此激发农村外流劳动力在城市生活的获得感和成就感。同时，给予农村外流劳动力参加文化知识和职业技能二次教育的机会，帮助其提升业务能力和综合素质，提高农村外流劳动力的人力资本，真正意义上做到留住农村外流劳动力。

第 3 章

城乡流动人口的现状对比分析

3.1 研究背景

改革开放以来，我国人口大规模流动为经济发展和社会进步做出了巨大贡献。随着流动人口规模不断增大，也暴露出一系列新的社会问题。现阶段我国是世界上人口老龄化程度比较高的国家，老龄人口数量多、老龄化速度快、应对人口老龄化任务重，这是不可避免的现实国情。根据第六次全国人口普查数据，我国农村人口老龄化的程度已经达到 15.4%，比全国的平均水平高出 2.14 个百分点，然而，农村大部分地区养老保险制度尚未健全，农村老龄人口养老缺乏社会保障。与此同时，农村剩余劳动力流向城市，农村老龄人口在生活照料和精神慰藉上更加得不到满足。已有研究表明，目前老龄人口的过快增长已经成为影响我国经济社会可持续发展的主要因素之一，而城乡人口老龄化差异的增加又会为我国经济社会发展带来更多的挑战。

3.2　数据、变量与研究方法

3.2.1　数据来源与处理

本书数据主要来源于 2017 年中国流动人口动态监测调查数据（CMDS），该数据以 31 个省（区、市）和新疆生产建设兵团的中国流动人口动态监测调查数据为基本抽样框，采用分层、多阶段、与规模大小成比例的 PPS 方法进行抽样，调查样本量接近 20 万个，调查对象为在本地居住 1 个月以上，非本区（县、市）户口、年龄在 15 岁以上的流动人口，是一个具有全国代表性与权威性的流动人口抽样调查。2017 年中国流动人口动态监测调查收集了家庭、收支、就业、流动及居留意愿、健康与公共服务、社会融合等方面的数据信息，这些数据资料为分析城乡流动人口差异与研究老龄化问题提供了可能。为了尽可能地确保样本的可比性，本书将户口性质为"农业"的流动人口定义为农村流动人口，将户口性质为"非农业""农业转居民""非农业转居民""居民""其他"的流动人口定义为城镇流动人口，经整理后得到总样本量 169904 个，其中农村流动人口样本量 132481 个，城镇流动人口样本量 37423 个。

3.2.2　变量选择与研究方法

本书所使用的研究方法主要为差异性视角下的频数分析法。具体而言，本书选取的差异性视角主要有两个：一是年龄的差异性。本书将流动人口样本的年龄划分为"24 岁及以下""25～34 岁""35～44 岁""45～54 岁""55～64 岁""65 岁及以上"6 个不同年龄段。二是受教育程度的差异性。本书将流动人口样本的受教育程度划分为"未上过小学""小学""初中""高中""大学专科""大学本科""研究生"7 个不同学历层次。

本书将关注的流动人口指标分为基本情况、社会情况、经济情况和流动情况。具体而言，基本情况中主要包括婚姻状况、健康状况以及建立居民健康档案 3 个变量，其中婚姻状况包括"稳定的家庭""其他" 2 个选项，健康状况包括"健康""基本健康""不健康，但生活能自理""生活不能自理" 4 个选项，建立居民健康档案包括"已建立""未建立" 2 个选项。社会情况中主要包括社会人际关系和社会满意度，其中社会人际关系是指"业余时间在本地和谁来往最多"，包括"同乡""本地人""其他" 3 个选项，社会满意度是指对现在居住的城市的满意程度，包括"非常满意"等 4 个选项。经济情况中主要包括收入、消费和职业，其中将收入和消费均按金额划分为 4 个层次，而职业则包括"国家机关、党群组织、企事业单位"等8 个选项。流动情况包括流动范围和流动原因，其中流动范围包括"跨省""省内跨市""市内跨县" 3 个选项，流动原因包括"务工/工作"等 11 种可能。

在差异性视角和指标选取的基础上，本书还进一步将流动人口样本按城、乡户籍所在地划分，以此深入挖掘流动人口的差异。

3.2.3 统计描述

在此次分析样本中，农村流动人口和城镇流动人口分别约占 78.00% 和 22.00%，由被访者的年龄特征表明，城乡流动人口平均年龄在 35～44 岁，其他变量分布比例如表 3-1 所示。

表 3-1　　　　　　　　样本中各变量赋值与统计描述

变量类别	变量名称	变量定义或说明	均值	方差
基本情况	年龄	24 岁及以下 =1；25～34 岁 =2；35～44 岁 =3；45～54 岁 =4；55～64 岁 =5；65 岁及以上 =6	2.72	1.12
	受教育程度	未上过小学 =1；小学 =2；初中 =3；高中 =4；大学专科 =5；大学本科 =6；研究生 =7	3.44	1.16
	婚姻状况	稳定家庭[b] =1；其他[c] =0	0.81	0.39

续表

变量类别	变量名称	变量定义或说明	均值	方差
基本情况	健康状况	健康＝1；基本健康＝2；不健康，但生活能自理＝3；生活不能自理＝4	1.21	0.47
	是否已建立健康档案	已建立＝1；未建立＝0	0.32	0.47
社会情况	社会满意度	完全不满意＝1；基本不满意＝2；基本满意＝3；完全满意＝4	3.39	0.57
	社会人际关系	同乡＝1；本地人＝2；其他＝3	2.00	0.82
经济情况	职业	国家机关、党群组织、企事业单位负责人＝1；专业技术人员＝2；公务员、办事人员和有关人员＝3；商业、服务业人员＝4；农、林、牧、渔、水利业生产人员＝5；生产、运输设备操作人员及有关人员＝6；无固定职业＝7；其他＝8	4.41	1.35
	消费	2000 元及以下＝1；2001～4000 元＝2；4001～6000 元＝3；6001 元及以上＝4	2.09	0.98
	收入	3000 元及以下＝1；3001～6000 元＝2；6001～9000 元＝3；9001 元及以上＝4	2.49	1.00
流动情况	流动原因	务工/工作＝1；经商＝2；家属随迁[d]＝3；婚姻嫁娶＝4；拆迁搬家＝5；投亲靠友＝6；学习培训＝7；参军＝8；出生＝9；异地养老＝10；其他＝11	1.73	1.42
	流动范围	跨省＝1；省内跨市＝2；市内跨县＝3	1.68	0.76

注：a. 包括非农业、农业转居民、非农业转居民、居民和其他。b. 包括初婚、再婚。c. 包括未婚、离婚、丧偶、同居。d. 包括照顾自家老人、照顾自家小孩。

资料来源：根据 2017 年中国流动人口动态监测调查数据整理。

3.3 城乡流动人口差异性分析

在城乡流动人口的现状分析中，本书主要展示的是各类指标的频率，需要说明的是，下列各表中所关注指标的频率指的是在这一分组中的占比，例如，年龄在"24岁及以下"的城镇居民拥有稳定家庭的频率为18.82%，指的是24岁及以下的全体成员中拥有稳定的家庭的比率，因此，表3-2至表3-8中各指标的纵向频率之和并不等于100%。

3.3.1 基本情况

表3-2显示，从婚姻状况来看，城乡流动人口的稳定家庭率具有两个特征。第一，从年龄层面来看，年龄在25岁及以上的城乡流动人口普遍具有相对稳定的家庭，在25~64岁的年龄层次上，农村流动人口的稳定家庭率要比城市高出2%~4%，但在年龄为65岁及以上的流动人口群体中，这一结论则截然相反。第二，从受教育程度来看，相比接受过高等教育的群体，受教育程度在高中及以下的城乡流动人口显然拥有更高的稳定家庭比率，而具有稳定家庭的城镇流动人口比率又比农村要高，且这种差距还会随着学历的提升而增加。

表3-2　　　　　　　　**城乡流动人口基本情况差异**　　　　　　单位：%

指标		稳定家庭		健康*		建立居民健康档案	
		城镇	农村	城镇	农村	城镇	农村
年龄	24岁及以下	18.82	26.69	92.53	92.05	29.00	25.45
	25~34岁	79.24	82.96	90.35	88.57	37.73	31.62
	35~44岁	92.36	94.40	84.03	82.23	36.70	32.16
	45~54岁	90.08	94.08	74.10	71.50	36.80	29.67
	55~64岁	87.60	89.59	56.90	55.61	36.97	28.94
	65岁及以上	84.49	77.26	38.66	31.36	41.44	36.91

指标		稳定家庭		健康*		建立居民健康档案	
		城镇	农村	城镇	农村	城镇	农村
受教育程度	未上过小学	80.37	85.34	47.98	57.51	33.82	24.21
	小学	87.69	90.08	65.68	71.68	36.04	29.09
	初中	85.31	84.53	79.65	83.65	36.72	30.19
	高中	80.00	74.47	81.37	87.04	37.47	31.88
	大学专科	77.16	67.45	86.37	89.78	37.31	34.40
	大学本科	76.25	63.36	88.48	89.72	36.14	34.86
	研究生	80.41	71.43	92.89	88.18	30.77	29.82

注: *健康是指量表中"健康状况 =1"时的样本。
资料来源: 根据 2017 年中国流动人口动态监测调查数据整理。

从健康状况和建立居民健康档案来看,身体健康的城乡流动人口占比会随着年龄增长而下降,也会随着受教育程度的增加而上升,而已建立健康档案的占比尽管没有明显表现出这种变化,但拥有健康档案的城乡流动人口占比基本保持在 30% ~40% 之间,远低于健康流动人口占比。进一步从城乡差异来看,第一,城市流动人口在各个年龄段的健康率都要高出农村流动人口2% ~7% 左右。第二,在同一教育水平下,农村流动人口的健康率更高,但当受教育程度为大学本科及以上时,城市流动人口的健康率反而要超出农村5% 左右。第三,城市流动人口建立健康档案的比率更高。

3.3.2 社会情况

表 3 - 3 显示,城乡流动人口的社会人际关系与社会满意度表现出趋同性。第一,城市流动人口的社会交往与社会满意度均要高出农村流动人口10% 左右。第二,随着年龄的增长,城乡流动人口的社会人际关系与社会满意度都不断加强,城乡社会交往差异由 24 岁及以下的 13.86% 缩减至 65 岁及以上的 5.37% ,社会满意度差异则基本稳定在 8% 左右。第三,受教育程度的提高能够增加城乡流动人口的社会交往,但这种影响主要体现在城市流动人口中,农村流动人口的学历由"大学本科"提升至"研究生"时,社会人

际关系反而由 44.85% 下降至 42.86%。第四，城乡流动人口的社会满意度与受教育程度相关性不大，当受教育程度在"大学专科"及以上时，城市流动人口的社会满意度会随着学历的提高而提高，但当受教育程度达到"研究生"时，农村流动人口的社会满意度又会下降至 42.86%。

表 3-3　　　　　　　　　　城乡流动人口社会情况差异　　　　　　　单位：%

指标		社会人际关系*		社会满意度**	
		城镇	农村	城镇	农村
年龄	24 岁及以下	41.56	27.70	41.74	35.04
	25~34 岁	45.86	31.00	46.26	39.11
	35~44 岁	43.29	29.35	49.84	42.85
	45~54 岁	40.37	27.12	53.32	44.86
	55~64 岁	43.06	32.73	56.94	48.33
	65 岁及以上	44.09	38.72	62.12	54.04
受教育程度	未上过小学	29.91	24.57	54.21	44.10
	小学	34.41	25.39	50.81	43.29
	初中	37.19	27.17	48.30	40.06
	高中	42.53	32.87	48.15	40.67
	大学专科	48.82	40.78	50.07	42.47
	大学本科	52.58	44.85	50.36	45.32
	研究生	54.57	42.86	52.54	42.86

注：＊"社会人际关系"的占比是指与本地人交往的占比，因为相比于与同乡交往，与本地人交往的社会人际关系更好。＊＊"社会满意度"的划分标准是选项中选"基本满意"和"完全满意"的占比。
资料来源：根据 2017 年中国流动人口动态监测调查数据整理。

3.3.3　经济情况

表 3-4 显示，从收入分布情况来看，城乡流动人口的收入多集中于 3001~6000 元的范围之中，然而在年龄和受教育程度上仍存在较大的城乡差异。第一，人口老龄化会增加城乡收入差距。在 25~34 岁的年龄段，收入超过 9000 元的城乡流动人口占比分别为 35.63% 和 24.45%，随着人口年龄的增长，二者的比例逐渐下降，但城乡之间仍保持了大约 12% 的差距，若将收

入水平超过 9000 元的流动人口视为高收入群体，则城市高收入群体在 65 岁及以上的占比与农村 25 ~ 34 岁的水平接近。此外，数据显示，56.67% 的农村老龄人口收入水平在 3000 元及以下，而城市的比例仅为 17.45%。第二，高等教育是城乡收入差距扩大的原因。受教育程度为小学及以下时，城乡收入水平以 3001 ~ 6000 元、3000 元及以下为主，受教育程度为初中及以上时，城乡收入水平中 9001 元及以上的占比会随学历的提升而增加，值得注意的是，当流动人口受教育水平由"大学专科"上升至"研究生"，城乡高收入群体占比则分别由 36.59% 和 30.65% 增加至 72.42% 和 47.78%，城乡收入差距快速增长，表明高等教育对城市流动人口的财富效应更加明显。

表 3 – 4　　　　　　　　　　城乡流动人口收入差异　　　　　　　　单位：%

指标		3000 元及以下		3001 ~ 6000 元		6001 ~ 9000 元		9001 元及以上	
		城镇	乡村	城镇	乡村	城镇	乡村	城镇	乡村
年龄	24 岁及以下	26.15	27.24	42.96	44.50	13.51	12.99	17.39	15.27
	25 ~ 34 岁	7.84	11.21	35.55	43.21	20.98	21.12	35.63	24.45
	35 ~ 44 岁	7.92	12.29	37.49	46.75	20.18	20.67	34.41	20.29
	45 ~ 54 岁	14.66	19.25	41.83	46.85	18.23	17.40	25.28	16.50
	55 ~ 64 岁	19.61	38.39	41.44	37.92	14.19	10.16	24.76	13.53
	65 岁及以上	17.45	56.67	42.66	26.69	15.90	6.40	23.98	10.23
受教育程度	未上过小学	26.17	36.88	42.99	41.75	13.71	11.46	17.13	9.91
	小学	23.53	23.94	45.20	47.42	14.88	15.89	16.40	12.76
	初中	14.59	14.83	46.29	46.94	19.30	19.59	19.82	18.65
	高中	11.97	13.87	42.18	41.72	20.16	20.14	25.70	24.27
	大学专科	8.13	12.74	34.10	37.25	21.18	19.36	36.59	30.65
	大学本科	5.42	10.14	24.58	34.10	17.74	17.31	52.25	38.45
	研究生	2.61	7.88	14.22	28.57	10.74	15.76	72.42	47.78

资料来源：根据 2017 年中国流动人口动态监测调查数据整理。

表 3 – 5 显示，消费的城乡差距总体上与收入类似，但是仍具有如下几个特点。第一，城乡老龄流动人口的消费以中低型为主。以城市流动人口为例，

55~64 岁和 65 岁及以上消费在 2001~4000 元的流动人口占比最多，分别达到 41.48% 和 39.75%；农村流动人口中，55~64 岁和 65 岁及以上消费在 2000 元及以下的流动人口占比最多，分别达到 54.75% 和 62.84%，而综观 6001 元及以上的消费占比数据，25~44 岁的城乡流动人口仍是消费主力群体。第二，受教育程度的提高能够刺激流动人口消费。数据显示，随着受教育程度的提高，6001 元及以上城乡消费占比不断上升，当受教育程度为"研究生"时，城乡流动人口占比分别达 56.02% 和 28.57%，而其余消费水平的占比数据则在持续下滑，表明学历越高的流动人口消费观念越开放、越注重生活品质。

表 3 – 5   城乡流动人口消费差异   单位：%

指标		2000 元及以下		2001~4000 元		4001~6000 元		6001 元及以上	
		城镇	乡村	城镇	乡村	城镇	乡村	城镇	乡村
年龄	24 岁及以下	42.89	48.71	38.04	36.55	9.55	8.39	9.52	6.35
	25~34 岁	19.78	27.32	40.62	44.57	16.70	14.66	22.90	13.45
	35~44 岁	17.72	26.17	41.32	46.84	16.95	14.58	24.02	12.41
	45~54 岁	28.62	37.56	41.70	42.51	14.84	10.97	14.84	8.95
	55~64 岁	34.02	54.75	41.48	30.20	11.27	7.51	13.23	7.55
	65 岁及以上	33.03	62.84	39.75	24.60	10.73	5.92	16.48	6.64
受教育程度	未上过小学	41.12	48.92	38.01	36.70	12.77	8.05	8.10	6.34
	小学	37.40	39.88	41.73	42.55	11.50	10.43	9.36	7.13
	初中	30.27	32.97	45.55	44.76	13.51	12.58	10.67	9.70
	高中	24.85	29.14	43.86	42.76	15.30	14.28	15.98	13.82
	大学专科	18.51	26.07	40.37	39.66	17.84	16.12	23.28	18.15
	大学本科	13.99	23.26	31.40	36.03	16.90	16.23	37.71	24.48
	研究生	8.27	20.20	20.03	36.45	15.67	14.78	56.02	28.57

资料来源：根据 2017 年中国流动人口动态监测调查数据整理。

表 3 – 6 显示，按照流动人口的主要工作类型，本书将职业划分为八个类型，其中将"国家机关、党群组织、企事业单位负责人""专业技术人员"

表 3－6　按年龄分城乡流动人口职业差异

单位：%

指标		国家机关、党群组织、企业、事业单位负责人		专业技术人员		公务员、办事人员和有关人员		商业、服务业人员		农、林、牧、渔、水利业生产人员		生产、运输设备操作人员及有关人员		无固定职业		其他	
		城镇	农村	城镇	农村	城镇	农村	城镇	农村	城镇	农村	城镇	农村	城镇	农村	城镇	农村
年龄	24岁及以下	0.78	0.21	17.34	10.01	3.70	1.45	57.25	58.52	0.74	1.18	14.77	23.55	1.00	1.52	4.40	3.57
	25～34岁	2.06	0.44	22.54	10.05	6.29	1.56	49.76	59.27	0.46	1.17	14.46	22.84	0.95	1.71	3.46	2.96
	35～44岁	2.06	0.18	15.14	4.99	3.83	0.46	57.13	63.51	0.88	2.25	16.35	23.59	1.70	2.86	2.91	2.16
	45～54岁	1.87	0.11	8.92	2.80	2.74	0.22	61.57	62.90	1.40	3.51	18.74	24.26	2.46	4.14	2.31	2.06
	55～64岁	1.71	0.06	10.59	1.49	2.62	0.15	61.50	65.05	2.39	6.46	11.39	17.09	5.01	6.37	4.78	3.33
	65岁及以上	1.56	0.22	11.72	1.97	3.13	0.00	51.56	68.93	7.03	7.88	8.59	7.66	5.47	8.53	10.94	4.81
受教育程度	未上过小学	0.68	0.04	2.05	0.95	0.00	0.00	61.64	55.38	4.11	10.53	19.86	21.87	8.90	7.82	2.74	3.41
	小学	0.00	0.05	2.08	1.73	0.00	0.06	67.23	59.08	2.82	4.91	21.20	27.00	4.08	4.78	2.59	2.38
	初中	0.19	0.07	3.63	3.65	0.56	0.22	69.15	63.90	1.14	1.76	21.09	25.73	2.28	2.55	1.95	2.12
	高中	0.67	0.22	9.31	7.81	1.90	1.02	65.72	66.10	0.67	0.76	17.14	19.71	1.70	1.55	2.89	2.82
	大学专科	2.19	0.92	23.37	23.25	6.91	3.86	48.44	50.86	0.68	0.41	13.56	14.95	0.73	1.07	4.12	4.68
	大学本科	5.29	2.67	39.43	36.60	11.67	7.86	29.42	35.43	0.39	0.43	8.54	10.91	0.66	1.02	4.58	5.08
	研究生	8.89	4.23	57.62	50.79	13.17	11.64	12.86	20.11	0.16	0.53	2.54	8.47	0.32	0.00	4.44	4.23

资料来源：根据 2017 年中国流动人口动态监测调查数据整理。

"公务员、办事人员和有关人员" 3 类职业命名为"稳定职业"。此外，将城乡流动人口职业差异按年龄和受教育程度进一步划分，并从中发现四个特征。第一，"商业、服务业人员"是流动人口从事最多的职业。城市流动人口占比为 50% ~60%，农村流动人口占比为 60% ~70%，远超其他职业的城乡流动人口占比。第二，城市流动人口从事"稳定职业"的可能性更高。以"专业技术人员"类职业为例，城市流动人口占比为 8.92% ~22.54%，农村流动人口占比仅为 1.49% ~10.05%，而 55 岁以上的城乡差距也在 10% 左右，其他两类职业的差距也在 2% 左右。第三，受教育程度能够显著提升城乡流动人口"稳定职业"的从业率。当受教育水平由"高中"提升到"研究生"时，"国家机关、党群组织、企事业单位负责人"的城乡流动人口占比分别提高了 8.22% 和 4.01%，"专业技术人员"的城乡流动人口占比分别提高了 48.31% 和 42.98%，"公务员、办事人员和有关人员"的城乡流动人口占比分别提高了 11.27% 和 10.62%。第四，年龄对"稳定职业"之外的职业影响较大。随着年龄的增长，"农、林、牧、渔、水利业生产人员""无固定职业""其他"三类职业的城乡流动人口数量占比上升，"生产、运输设备操作人员及有关人员"的城乡流动人口数量占比下降，此外，"商业、服务业人员"中城市流动人口占比下降至 51.56%，农村流动人口占比则上升至 68.93%。

3.3.4　流动情况

表 3 - 7 显示，从流动范围来看，80% 的流动为跨省跨市，且城乡流动人口之间的差异不大。随着年龄的增加，农村流动人口的跨省频率明显下降，由"24 岁及以下"的 51.83% 下降至"65 岁及以上"的 40.57%，而城市流动人口的流动范围则并无表现出明显的规律。随着受教育程度的提高，城乡流动人口在市内流动的频率逐渐下滑，特别是当学历提升至"研究生"时，城乡流动人口跨省流动的占比分别达到了 72.71% 和 53.59%，表明教育对跨省流动具有一定推动作用。

表 3 – 7　　　　　　　　　**城乡流动人口流动范围差异**　　　　　　单位：%

指标		跨省		省内跨市		市内跨县	
		城镇	乡村	城镇	乡村	城镇	乡村
年龄	24 岁及以下	40.70	51.83	40.95	32.21	18.35	15.97
	25～34 岁	41.85	49.29	39.94	32.89	18.21	17.82
	35～44 岁	44.86	50.91	36.18	30.90	18.96	18.19
	45～54 岁	43.26	55.62	35.54	28.86	21.20	15.53
	55～64 岁	41.83	48.55	37.95	32.49	20.22	18.96
	65 岁及以上	47.71	40.57	33.35	35.31	18.94	24.12
受教育程度	未上过小学	31.15	50.37	45.17	33.79	23.68	15.84
	小学	37.26	54.32	39.97	29.88	22.77	15.80
	初中	39.97	53.69	38.57	29.15	21.46	17.16
	高中	40.13	47.57	39.00	33.25	20.87	19.18
	大学专科	41.75	40.65	40.76	40.70	17.49	18.66
	大学本科	52.85	42.38	33.04	40.85	14.11	16.77
	研究生	72.71	53.69	20.61	34.48	6.68	11.82

资料来源：根据 2017 年中国流动人口动态监测调查数据整理。

表 3 – 8 显示，从流动原因来看，"务工/工作""经商"是城乡流动人口最主要的流动原因，这一类群体的占比在 80% ~ 90%，不过当年龄超过 55 岁时，"家属随迁"成为流动的主要原因，65 岁及以上城乡流动人口占比分别达到 49.64% 和 41.11%，而"异地养老"的人数占比也达到了 24.50% 和 11.01%，表明当流动人口的年龄超过法定劳动年龄后，"务工/工作""经商"不再是主要的流动原因，一部分人会通过随迁、投靠的方式继续迁移，而另一部分人则会选择返乡或在当地养老定居。受教育程度也会在一定程度上影响流动人口的迁移决定，从数据来看，受教育程度由"未上过小学"提高至"研究生"时，城乡流动人口因"务工/工作"而发生流动的占比分别由 34.27% 和 52.88% 上升至 85.34% 和 80.79%，而"经商"的占比数据则分别持续下降至 1.74% 和 6.40%，"家属随迁"的占比数据则分别持续下降至 5.22% 和 7.39%，表明教育尽管会降低流动人口的自主经商意愿，但也能在一定程度上提高流动人口的工作技能以及独立生存的能力，提升务工的就业率和就业水平。

表 3-8　城乡流动人口流动原因差异

单位：%

指标		务工/工作 城镇	务工/工作 农村	经商 城镇	经商 农村	家属随迁 城镇	家属随迁 农村	婚姻嫁娶 城镇	婚姻嫁娶 农村	拆迁搬家 城镇	拆迁搬家 农村	投亲靠友 城镇	投亲靠友 农村	出生 城镇	出生 农村	异地养老 城镇	异地养老 农村
年龄	24岁及以下	67.17	63.96	7.00	9.31	18.39	20.75	2.26	2.45	0.36	0.23	1.36	1.00	1.65	1.37	0.00	0.00
	25~34岁	70.20	62.80	13.88	22.14	8.12	10.15	5.36	3.50	0.68	0.31	0.56	0.46	0.23	0.13	0.00	0.00
	35~44岁	61.64	59.58	24.45	30.79	7.75	7.11	3.39	1.32	1.05	0.35	0.69	0.40	0.08	0.01	0.02	0.01
	45~54岁	56.21	59.66	29.10	31.39	8.65	6.86	1.65	0.61	1.18	0.39	0.93	0.46	0.07	0.00	1.11	0.08
	55~64岁	30.61	52.65	12.10	20.76	34.19	19.61	0.83	0.63	2.49	0.78	4.41	2.22	0.04	0.00	12.93	2.00
	65岁及以上	9.05	27.29	2.78	7.48	49.64	41.11	0.71	0.72	2.46	1.56	8.47	8.56	0.06	0.00	24.50	11.01
受教育程度	未上过小学	34.27	52.88	12.77	18.37	32.09	22.25	1.25	1.13	1.56	0.74	5.61	1.80	0.00	0.02	11.53	1.54
	小学	43.06	58.90	25.29	24.91	19.68	12.19	1.57	1.18	1.57	0.39	2.85	1.02	0.05	0.09	4.85	0.56
	初中	51.81	59.06	26.22	27.66	14.02	9.97	2.30	1.73	0.93	0.30	1.38	0.55	0.15	0.16	2.40	0.13
	高中	55.58	60.90	21.88	24.17	13.13	10.34	3.23	2.63	0.97	0.35	1.40	0.63	0.31	0.38	2.30	0.10
	大学专科	67.89	70.10	11.93	13.12	10.11	9.84	5.23	4.60	1.06	0.40	0.96	0.55	0.39	0.45	1.10	0.04
	大学本科	77.73	76.34	5.69	7.53	7.63	8.96	4.84	4.28	0.95	0.71	0.68	0.40	0.27	0.47	0.65	0.09
	研究生	85.34	80.79	1.74	6.40	5.22	7.39	4.50	2.46	0.87	0.00	0.15	0.99	0.00	0.49	0.00	0.00

资料来源：根据 2017 年中国流动人口动态监测调查数据整理。

3.4　人口老龄化背景下所面临的新趋势

3.4.1　新型养老机构组织的社会需求增加

在人口老龄化趋势背景下，我国养老问题日趋严峻。一方面，随着流动人口年龄增加，家庭的稳定性正逐渐下降。目前，我国传统的养老模式仍是居家养老，这类模式最大制约因素在于离不开家人和亲戚的守护，然而受我国 20 世纪 80 年代初期计划生育政策的影响，多数家庭仅有 1～2 个子女，而子女婚育后所构成的"421"家庭会进一步加剧居家养老矛盾。当上述矛盾无法解决时，多数人会选择养老院模式，但养老院模式也存在一系列弊端，由于护理人员供给不足，养老院养老通常会被贴上"收费贵""服务不周到""硬件设施差"等标签，且三、四线城市不如一、二线城市、农村不如城市，再加上传统观念意识的影响，养老院养老往往也会被认为是子女不孝的行为。近年来，尽管国家多次提出"社区养老""文旅康养"等新型养老模式，并先后在上海等地进行了试点推行，但运行机制和制度设计仍存在许多不合实际之处，且新型养老模式尚未普及，不足以迅速解决当前所面临的社会问题。

另一方面，健康问题也已经越来越引起人们的重视。身体状况随着年龄的增长而下降已是不争的事实，而随着生活水平的日益提高，流动人口关注的问题不再是收入，健康生活已经逐渐引起重视，旅游、养生、休闲娱乐、运动等新型消费占比也已逐渐上升。目前各项数据表明，受益于更好的医疗条件，城市流动人口的健康状况要优于农村，但随着新型城镇化建设的顺利实现，大量农村剩余劳动力向城市转移都会挤占城市人口的医疗资源，优质医疗技术和药物的稀缺性都将进一步加速健康资源的争夺，人口老龄化趋势下人们对医院、护理的需求必然日益剧增。此外，随着大学教育的普及化，流动人口的学历水平也在逐年上升，越来越多的流动人口接受了大学专科及以上的教育，对健康生活的向往也成为新的奋斗目标，当前健康服务供给体系能否满足人们日益增长的健康需求，仍值得进一步思考。

3.4.2　城乡贫富差距不断扩大

从近十几年国家统计局发布的基尼系数来看，尽管 2008~2015 年我国基尼系数由 0.491 下降至 0.462，但此后又再度上涨至 2018 年的 0.474，仍然高出国际收入分配收入差距的"警戒线"0.4，表明我国收入分配仍存在较大差距。现有关于收入差距的文献分别从城乡收入差距、城市内部差异和农村内部差异等视角对收入分配的情况进行了细致描述，然而从人口老龄化的视角考虑这一问题仍不多见。

本书基于城乡人口老龄化的研究发现，随着年龄的增长城乡贫富差距正在不断扩大。按照国家卫健委发布的《中国流动人口发展报告（2017）》，我国流动人口平均年龄已由 2011 年的 27.3 岁上升至 2016 年的 29.8 岁，《中国人力资本报告（2019）》中数据也表明，1985~2017 年中国劳动力人口的平均年龄已由 32.2 岁上升到 37.8 岁，按此速度增长，未来 10 年中国流动人口平均年龄会达到 35~44 岁之间。从城乡流动人口收入数据来看，月收入3000 元以下的农村老龄人口占比超 50%，而城市老龄人口多集中于 3001~6000 元和 9001 元及以上两个层次，在 24 岁及以下年龄段中，城乡流动人口收入几乎没有差距，但随着年龄的增长，各收入层次的城乡差距都在不断增加，到 65 岁及以上时，城乡收入差距增至最大。当年龄由 25~34 岁上升至35~44 岁时，月收入在 6000 元以下的农村流动人口占比仍超过城市 5%~9%，6001~9000 元的城乡流动人口数量几乎不存在差别，但月收入超过9000 元时，城市流动人口数量远远超过农村，城乡流动人口占比差距由11.18% 扩大至 14.12%。

此外，本书还发现高等教育与城乡收入差距扩大之间存在着密切的关系。当接受了高等教育以后，月收入 9001 元及以上的城乡流动人口占比分别上涨了 10.89% 和 6.38%，6000 元以下的城乡流动人口占比大幅下滑，而受教育程度提高至研究生时，72.42% 的城市流动人口和 47.78% 的农村流动人口月收入都超过了 9000 元。这可能是因为，高等教育是个人人力资本积累的有效手段，流动人口接受正规高等教育后能够迅速提升个人的工作技能，从而在劳动力市场获取高额回报，然而在我国城乡二元经济体制下，优质的教育资源往往集中于大中城市，农村流动人口的教育回报率普遍要低于城市，有数据表明，每增加 1 年的学历教育，农村教育回报率仅能提高 4% ~ 6.8%（方超和黄斌，2020），因此，未来随着流动人口受教育水平的逐步提高，城乡收入差距也会越来越显著。

3.4.3 技能型岗位招人难度加大

按照现有《国家职业技能标准目录》，"专业技术人员"主要指科学研究人员，农业技术人员，新闻出版、文化工作人员等 14 个中类，属于典型的专业技术岗位。"生产、运输设备操作人员及有关人员"主要指矿产勘查、开采，产品生产制造，工程施工和运输设备操作的人员及有关人员，其大类下包括勘测及矿物开采、机械制造加工、印刷等 27 个中类，属于典型的传统制造业低技能岗位。据全国第六次人口普查数据显示，"生产、运输设备操作人员及有关人员"的就业人数达到 1.6 亿人，占就业总人数的 22.39%，是各职业大类中就业人数最多的职业，而"专业技术人员"中最主要的职业是教学人员和工程技术人员，二者占比之和达到了 50% 左右。

从城乡流动人口职业分类数据可知，"商业、服务业人员""生产、运输设备操作人员及有关人员""专业技术人员"是流动人口主要从事的职业。在 25 ~ 34 岁年龄层次上，城市流动人口累计占比为 86.76%，农村流动人口累计占比为 92.16%，当流动人口年龄上升至 35 ~ 44 岁时，尽管城乡累计占比未发生明显改动，但"专业技术人员"的城乡占比数据分别下降了 7.40% 和 5.06%，若以 2017 年中国劳动年龄人口总数 9 亿人折算，则表示劳动年龄每提高 1 岁，城乡专业技术人员数量将分别缩减 650 万人和 450 万人。与高等教育对收入的作用一样，城乡流动人口在接受了大学专科及以上的教育时，"专业技术人员"的占比会提高 14% 以上，表明"专业技术人员"这一职业与人力资本积累有着较高的相关性。此外，当年龄在 55 ~ 64 岁层次上时，"生产、运输设备操作人员及有关人员"职业的城乡流动人口占比将分别下降 7.35% 和 7.17%。由此可见，随着人口老龄化，技能型岗位的缺口将会进一步拉大，对技能要求高的职业能够通过教育、培训等方式填补职位缺口，但低技能岗位之间对劳动力的竞争将会进一步加剧，未来技能型岗位人力资本会普遍增加。

3.4.4　跨省经商成为流动新方式

从城乡流动人口的流动现状可知,"务工/工作"是当前人口流动的主要原因,且流动人口多表现出跨省、跨市流动的特征,然而本书也发现,因"经商"而发生的跨省流动或许会成为未来的人口流动新趋势。具体而言,当流动人口年龄由 25～34 岁增加至 35～44 岁时,城乡流动人口在"经商"中的占比分别为 24.45% 和 30.79%,占比数分别增加了 10.57% 和 8.65%,是流动原因中增加幅度最大的一项。究其原因,本书发现这一结论较为符合当前经济社会发展形势。一方面,受 20 世纪 80 年代计划生育政策的影响,近年来我国人口红利正在逐渐消失,相较于 10 年前,城乡流动人口在外务工的收入水平已大幅提高,家庭财富的不断积累使得流动人口具备了外出经商的财富资本。另一方面,由于城市人力资源缺口的持续增大,今后越来越多的农村流动人口会继续向城市转移,而这一部分流动人口经商的潜力较大,数据显示,25～34 岁城乡流动人口"经商"占比分别为 13.88% 和 22.14%,农村占比数高出城市 10% 左右,这一数据表明会有更多带有农村"经商"因子的流动人口进入城市,跨省经商或许会成为未来流动的新趋势。

3.5　研究结论与启示

3.5.1　研究结论

本书利用 2017 年中国流动人口动态监测数据,基于人口老龄化视角下对城乡流动人口的基本情况、社会情况、经济情况和流动情况进行了现状分析,研究主要发现:第一,从总体上看,随着年龄的增加,流动人口的社会满意度和社会交往能力会得以提升,收入与消费水平都呈倒 U 型,技能型职业的就业人数会减少,家属随迁人数会越来越多;第二,从城乡差距来看,城市流动人口的身体健康状况更好,对健康的重视程度更高,从事"专业技术人员"职业的可能性更大,此外,城乡社会交往差异会随着年龄增加而逐渐缩小，收入差距则会进一步扩大；第三，从接受高等教育的影响效果来看，流动人口的健康状况会更好，社会交往和社会满意度都会增加，高等教育是收入差距增大的主要原因，且会促进人口跨省流动的频次，但同时也会降低流动人口家庭的稳定率。

3.5.2 启示

此外，本书还预测在人口老龄化趋势下，可能还会表现出新型养老机构组织的社会需求增加、城乡贫富差距不断扩大、技能型岗位招人难度加大和跨省经商成为流动新方式等四个新趋势，并在此基础上提出具有针对性的政策建议。

（1）积极探索新型养老模式机制。深入考察新加坡等国家的养老机制建设，分析其社区居家养老模式的可行性。一方面，加强对我国新型养老机制体系的顶层设计，按预期通货膨胀和人均寿命及时对养老金缴纳比例进行结构性调整，对低收入流动人口群体给予一定的财政补贴或减免部分缴纳额度，确保养老群体享受终生的养老收入。另一方面，加大对社区居家养老机构的建设力度，新建一批社区医院、养老互助组织，构建社区养老组织的人员选聘机制，以社区日常护理与康复医疗为基础性服务，整合社区资源向服务对象提供医疗、护理、康复、学习、交流等互助养老服务。同时，还应加大对新型养老模式机制的宣传，积极转变传统家庭养老、社会养老的观念，确保社区居家养老尽快落地实现。

（2）打好政策"组合拳"缩减居民贫富差距。一方面，要精准识别高、低收入群体。可加快区块链技术的建设步伐，应保证识别对象的金融、住房、工资收入、车辆、纳税等信息及时可查，同时应出台相关法律法规为数据安全共享提供法律保障。另一方面，健全财税制度缩减贫富差距。对高收入群体征收一部分所得税和消费税，对低收入群体税收额度进行一定程度的减免，并以财政转移支付的形式加大对低收入群体的补贴力度，确保缩减居民贫富差距，从而最大限度地激发市场活力，维持社会安定平稳。

（3）加大校企合作力度，为企业提供更多专业技术型人才。一方面，搭建平台促进"校企""校地"合作。地方政府应收集各个企业对专业技术型人才未来 5～10 年的需求情况，尝试与企业、高校共同制订定向人才培养方案，构建一种由政府、企业共同出资，高校力主培养专业技术型人才的长效联合培养机制，以缓解企业"招工难"、高校人才"就业难"等供需不匹配的问题。另一方面，对现有应用型高等院校的人才培养体系进行改革。要区别对待应用型高等院校和研究型高等院校的建设成果，应用型高等院校应以为企业培养专业技术型人才为主要目标，不能按课题、论文等学术研究成果对其定级评奖，要加大其实训课程、实践课时在教学中的比例，对于与实际工作关联度不大的课程应及时取消或整改。

｜第 4 章｜
农村外流劳动力的市民化意愿
及影响因素研究

4.1 研究背景

习近平总书记在 2016 年全国卫生与健康大会上强调，"要把人民健康放在优先发展的战略地位""要关注流动人口健康问题，深入实施健康扶贫工程"[①]。农业转移人口主要是农民为获取更高收入而向城市、非农产业和经济较发达地区转移而形成的流动人口，由于与城市居民存在较大的文化习惯差异以及自身知识技能的缺失，农业转移人口难以在城市站稳脚跟（王爱华，2013）。随着新型城镇化建设的加快推进，国家已逐步放开了农民的户籍管理，农民想要获得城市的"合法身份"已不再是难事，然而，现实的矛盾是地方政府进行人口市民化的强烈意愿与农业转移人口对市民化的担忧。由此可见，解决农业转移人

---

① 《习近平：把人民健康放在优先发展战略地位》，载于新华网 2016 年 8 月 20 日。

· 57 ·

口市民化的后顾之忧对保障农民工自身权益、缓解城市劳动力资源紧缺以及加快推进人口市民化进程都具有十分重要的意义。

4.2 数据、变量与方法

4.2.1 数据来源及处理

中国流动人口动态监测调查数据（CMDS）是由国家卫健委收集和发布的大规模调查数据。该数据集是自 2009 年起每年在流动人口较为集中的流入地进行的大规模抽样调查数据，对象包括全国 31 个省（区、市）和新疆生产建设兵团的流动人口，年均样本量为 20 万个，内容涵盖了流动人口的基本情况和家庭信息、流动的原因、收入与开支情况、就业与社会保障、子女与老人健康教育等方面的信息，基本上能够满足本书的研究需求。鉴于数据的可获性，本书使用了 2015 年中国流动人口动态监测调查数据，总样本量为206000 个。

考虑到本书研究对象的特殊性，因此，需要对原始数据进行清理以分离出农业转移人口。本书的识别方法是，从"户口登记类型"中将回答为"农业"的样本定义为农业转移人口，将回答"非农业""农业转居民""非农业转居民"的样本定义为非农业转移人口或市民化后的人口。经筛选后，样本量为 172188 个。

4.2.2 变量选取

4.2.2.1 被解释变量

考虑到本书的研究主旨为农业转移人口市民化的意愿度，因此，在该数据集中以"您今后是否打算在本地长期居住（5 年以上）"选项作为市民化意愿度的测量指标，记为 y。

4.2.2.2 解释变量

现有研究意愿度的影响因素有许多，鉴于数据的可获性，本书将所选择的变量划分为四类，即健康因素、个体因素、社会因素和经济因素，具体如下。

（1）健康因素。根据问卷中所包含的信息，将是否在本地的社区建立居民健康档案（*file*）、家中老人是否健康（*health*）作为本书的核心解释变量。本书认为农业转移人口对健康的态度以及是否有后顾之忧都会影响个体的市民化决策。

（2）个体因素。在个体因素中，选取性别（*sex*）、年龄（*age*）、婚姻状况（*marry*）和子女性别（*sex2*）共四个变量。选择上述解释变量的原因在于，本书认为不同性别、年龄的农村外流人口在市民化意愿度上会产生异质性的意见，男性和年轻农村劳动力会更加倾向于留在城市。

（3）社会因素。在社会因素中，主要是选取农业转移人口的受教育程度（*edu*）和流动原因（*reason*）来检验市民化意愿的异质性。问卷中的受教育程度被划分为：未上过学、小学、初中、高中/中专、大学专科、大学本科和研究生共七类，本书认为，农业转移人口的受教育程度越高，越易融合于城市，从而会增加其留城的意愿度。流动原因中有：务工经商、家属随迁、婚姻嫁娶等九类，本书认为，务工经商应是农业转移人口市民化意愿的主要原因。

（4）经济因素。在经济因素中，选取较有代表性的月工资收入（*inc*）和职业（*job*）进行异质性分析。需要说明的是，问卷中的职业划分一共有十八类，而本书认为：国家机关、党群组织、企事业单位负责人，专业技术人员，公务员、办事员和有关人员以及经商这 4 类职业属于较为稳定的职业，本书认为，职业越稳定，农村户籍劳动力越倾向留在城市。

4.2.3 分析方法

问卷中关于"您今后是否打算在本地长期居住（5 年以上）"的回答有三个，"打算""不打算""没想好"，考虑到本书的研究目的，将"打算"设为 1，将"不打算""没想好"设为 0，设置后的变量体现出一定次序，数值越大，表示市民化意愿更高。然而，这样的设定隐含一种假设，即相邻类别之间的距离完全相等。为保证回归结果不会因排序信息的丢失而损失效率，结合随机扰动项的分布形态，本书选用定序 Logit 模型对农业转移人口市民化的意愿展开研究。

由于被解释变量为二分类变量，y 可表示在 $\{0, 1\}$ 上取值的有序响应，本书的核心解释变量 X 为健康因素，$X = (file, health)$，其余解释变量为 Z，按照定序变量类别间平行的假设，可定义潜变量 y^*，设 θ 为未知分割点，同时定义：

$$y = \begin{cases} 0, & y^* \leq \theta \\ 1, & y^* > \theta \end{cases}$$

令：

$$y^* = \beta X + \gamma Z + \varepsilon$$
$$P(y = 0 \mid X, Z) = F(\theta - \beta X - \gamma Z)$$
$$P(y = 1 \mid X, Z) = 1 - F(\theta - \beta X - \gamma Z)$$

4.2.4 统计描述

据 2015 年中国流动人口动态监测数据显示，约有 55.61% 的农业转移人口打算在城市长期居住，其余解释变量的定义及比例如表 4 - 1 所示。

表 4 - 1 数据统计与变量赋值

变量类别	变量名称	变量定义或说明	均值	标准差
被解释变量	长期居住意愿	打算 = 1；不打算（没想好）= 0	0.556	0.001
健康因素	是否在本地的社区建立居民健康档案	已经建立 = 1；没建，没听说过（没建，但听说过/不清楚）= 0	0.286	0.452
	家中老人是否健康	否，但生活能自理/生活不能自理 = 1；是，健康/基本健康 = 0	0.004	0.065
个体因素	性别	男 = 1；女 = 0	0.531	0.499
	婚姻状况	已婚 = 1；单身 = 0	0.796	0.403
	子女性别*	男 = 1；女 = 0	0.402	0.490
	年龄	15 ~ 19 岁 = 1；20 ~ 29 岁 = 2；30 ~ 39 岁 = 3；40 ~ 49 岁 = 4；50 岁及以上 = 5	3.312	0.999

续表

变量类别	变量名称	变量定义或说明	均值	标准差
社会因素	受教育程度	未上过学 =1；小学 =2；初中 =3；高中/中专 =4；大学专科 =5；大学本科 =6；研究生 =7	3.177	0.892
	流动原因	务工经商 =1；其他（家属随迁/婚姻嫁娶/拆迁搬家/投靠亲友/学习培训/参军/出生）=0	0.853	0.354
经济因素	职业	稳定的职业（国家国家机关、党群组织、企事业单位负责人/专业技术人员/公务员、办事人员和有关人员/经商）=1；其他 =0	0.208	0.406
	每月收入	3000 元及以下 =1；3001 ~ 6000 元 =2；6001 ~ 9000 元 =3；9001 元及以上 =4	1.966	1.099

注：＊由于样本中仅拥有 1 个子女的占比较大，因此，此处子女性别特指第一个孩子的性别。
资料来源：根据 2015 年中国流动人口动态监测调查数据整理。

由表 4－2 可知，农业转移人口市民化的意愿度存在差异。首先，在性别与子女性别方面，市民化意愿比例相差不大，男性与女性愿意市民化的比例分别为 55.18% 和 56.10%，子女为男性与女性愿意市民化的比例分别为 59.35% 和 53.10%。其次，在是否建立健康档案、婚姻状况、流动原因、职业和家中老人是否健康等方面，市民化意愿比例相差较大，已在本地建立健康档案与未建立健康档案的市民化比例分别为 63.99% 和 52.55%，已婚与未婚的市民化比例分别为 59.66% 和 39.85%，务工经商与其他原因的市民化比例分别为 54.60% 和 61.49%，稳定职业与其他职业的市民化比例分别为 63.83% 和 53.46%，家中老人不健康与健康的市民化比例分别为 78.21% 和 55.51%。最后，在多分类解释变量中，市民化意愿也存在较大差异。在年龄层面上，40 ~ 49 岁年龄组的市民化意愿最强，市民化比例为 60.62%，15 ~ 19 岁年龄组的市民化意愿最弱，市民化比例仅为 46.35%；在受教育程度层面上，研究生学历的市民化意愿最强，市民化比例为 81.25%，初中学历的市民化意愿最弱，市民化比例为 54.33%；在收入层面上，6001 ~ 9000 元组的市民化意愿最强，市民化比例为 65.95%，3000 元以下组的市民化意愿最弱，市民化比例仅为 53.08%。

表 4 - 2　　　　　农业转移人口市民化的异质性统计描述　　　　　单位：%

指标	指标说明	打算长期居留	不打算（没想好）
是否在本地的社区建立居民健康档案	已经建立	63.99	36.01
	没建，没听说过（没建，但听说过/不清楚）	52.25	47.75
家中老人是否健康	否，但生活能自理/生活不能自理	78.21	21.79
	是，健康/基本健康	55.51	44.49
性别	男	55.18	44.81
	女	56.10	43.90
婚姻状况	已婚	59.66	40.34
	单身	39.85	60.15
子女性别	男	59.35	40.65
	女	53.10	46.90
年龄	15～19 岁	46.35	53.65
	20～29 岁	43.91	56.09
	30～39 岁	58.45	41.55
	40～49 岁	60.62	39.38
	50 岁及以上	58.83	41.17
受教育程度	未上过学	56.74	43.26
	小学	56.24	43.76
	初中	54.33	45.67
	高中/中专	55.51	44.49
	大学专科	63.11	36.89
	大学本科	66.02	33.98
	研究生	81.25	18.75
流动原因	务工经商	54.60	45.40
	其他（家属随迁/婚姻嫁娶/拆迁搬家/投靠亲友/学习培训/参军/出生）	61.49	38.51

指标	指标说明	打算长期居留	不打算（没想好）
职业	稳定的职业	63.83	36.17
	其他	53.46	46.54
每月收入	≤3000 元	53.08	46.92
	3001～6000 元	55.43	44.57
	6001～9000 元	65.95	34.05
	≥9001 元	59.70	40.30

资料来源：根据 2015 年中国流动人口动态监测调查数据整理。

4.3 市民化意愿的影响因素分析

4.3.1 相关分析

为避免各变量之间的多重共线性问题，在进行回归分析之前，需要检验各解释变量之间的相关性。表 4-3 中显示了各解释变量之间的相关性，从结果来看，婚姻状况与年龄、子女性别的相关系数分别为 0.438 和 0.372，流动原因与收入的相关系数为 -0.378，年龄与受教育程度的相关系数为 -0.370，其余变量之间的相关系数均不超过 0.15，远低于多重共线性的门槛值 0.70。因此，本书认为回归模型中不存在多重共线性问题。

表 4-3   各解释变量的相关分析

变量	file	sex	marry	reason	job	sex2	health	age	edu	inc
file	1.000									
sex	-0.027	1.000								
marry	0.042	-0.009	1.000							

续表

变量	*file*	*sex*	*marry*	*reason*	*job*	*sex2*	*health*	*age*	*edu*	*inc*
reason	−0.034	0.282	0.055	1.000						
job	0.026	0.054	0.062	0.129	1.000					
sex2	0.013	−0.005	0.372	0.046	0.023	1.000				
health	0.008	−0.003	−0.002	−0.062	−0.019	−0.020	1.000			
age	0.024	0.128	0.438	0.100	0.020	0.223	0.063	1.000		
edu	0.029	0.034	−0.205	0.020	0.140	−0.117	−0.054	−0.370	1.000	
inc	0.003	−0.074	0.111	−0.378	−0.046	0.026	0.046	−0.005	0.010	1.000

资料来源：根据 2015 年中国流动人口动态监测调查数据整理。

4.3.2 定序回归分析

在回归分析中，本书构建定序 Logit 回归计量模型，先后将可能影响农业转移人口市民化的个体因素、社会因素和经济因素纳入模型中，然后在模型中对有可能产生多重共线性的因素进行了替换，最终形成了 7 个回归模型，其回归结果如表 4 - 4 所示。

表 4 - 4　　　　　　市民化意愿的定序回归分析

变量	模型（1）	模型（2）	模型（3）	模型（4）	模型（5）	模型（6）	模型（7）
age	0.085 ***	0.166 ***	0.162 ***	0.284 ***			
sex	−0.042 ***	−0.002	−0.009	−0.044 ***	0.030 ***	0.032 ***	0.032 ***
sex2	0.001	0.016	0.016	0.193 ***	0.033 ***	0.033 ***	
marry	1.018 ***	1.091 ***	1.013 ***		1.289 ***	1.317 ***	1.351 ***
file	0.591 ***	0.558 ***	0.552 ***	0.572 ***	0.560 ***	0.558 ***	0.558 ***
health	1.710 ***	1.628 ***	1.620 ***	1.347 ***	1.958 ***	2.001 ***	1.988 ***
edu		0.225 ***	0.191 ***	0.168 ***	0.132 ***	0.134 ***	0.133 ***
reason		−0.309 ***	−0.313 ***	−0.271 ***	−0.300 ***	−0.327 ***	−0.326 ***
job			0.457 ***	0.507 ***	0.469 ***	0.468 ***	0.468 ***
inc			0.035 ***	0.071 ***	0.032 ***		

续表

变量	模型（1）	模型（2）	模型（3）	模型（4）	模型（5）	模型（6）	模型（7）
LR	6612.20	8285.33	9213.89	6910.25	8580.68	8539.66	8530.75
p 值	0.000	0.000	0.000	0.000	0.000	0.000	0.000
偏 R^2	0.028	0.035	0.039	0.029	0.036	0.036	0.036
N	172188	172188	172188	172188	172188	172188	172188
cut1	0.713	1.330	1.331	1.216	0.818	0.739	0.735

注：为便于解释，本节回归模型中的系数均为：$\exp(\beta)-1$，不再单列说明。*、** 和 *** 分别表示在 10%、5% 和 1% 统计水平上显著。

资料来源：根据 2015 年中国流动人口动态监测调查数据整理。

模型（1）~模型（3）的结果表明，3 个模型都具有十分显著的统计学意义，除性别与子女性别对市民化意愿的影响不显著外，其余变量对农业转移人口市民化意愿都存在显著影响。在具有显著影响的变量中，年龄、婚姻状况、是否在本地的社区建立居民健康档案、家中老人是否健康、受教育程度、职业和收入都会产生正向影响，根据影响的程度可分为三类。

第一类是家中老人是否健康和婚姻状况。家中老人是否健康对市民化意愿的影响最大，每提高 1 个单位，农业转移人口市民化意愿的概率平均会提高 162%，表明家中老人身体条件下降时，为了能够接受更好的医疗服务，其市民化的意愿将会大幅提升。婚姻状况是另一个能够显著提升市民化意愿的因素，每提高 1 个单位，农业转移人口市民化意愿的概率平均会提高 101.3%，表明家庭的形成易使农村流动劳动力在本地定居。

第二类是建立健康档案与职业。稳定的工作、对健康的重视在很大程度上决定了市民化意愿程度，从结果来看，建立健康档案和职业每提高 1 个单位，农业转移人口市民化意愿的概率平均会提高 45%~55%，表明农村流动劳动力在当地工作越稳定、越注重健康状况，其市民化的意愿也会越强。

第三类是年龄、受教育程度和收入。相比第一类和第二类因素，这一类因素对市民化的影响相对较小，每提高 1 个单位，农业转移人口市民化意愿的平均概率提高 3.5%~19.1%，这也说明随着年龄的增长、受教育程度的提高和收入的增加，其市民化意愿也会逐渐增强。

流动原因对农业转移人口市民化会产生负向影响。在流动原因的选择上，因务工经商而外流的农业转移人口，其市民化意愿的平均概率会下降31.3%，表明因家属随迁、婚姻嫁娶等原因流动的市民化意愿会更强。

此外，本书也尝试删除年龄、婚姻状况等相关性较强的变量，模型（4）~模型（7）是剔除部分变量的回归结果。从结果来看，回归模型仍然具有很强的显著性，剔除年龄变量后，其余因素对市民化意愿的影响程度基本不变，不过性别与子女性别却成为产生正向影响的显著性变量。

考虑到年龄、受教育程度和收入三个变量为多分类变量，本书将15~19岁、未上过学和收入3000元及以下设为参照组，分别将其设为控制变量放入回归模型，回归结果如表4-5所示。

表4-5　　　　　　　　　　加入控制变量后的回归结果

变量		模型（8）	模型（9）	模型（10）	模型（11）
age			0.147 ***	0.162 ***	
sex		-0.015	0.003	-0.015	-0.007
sex2		0.006	0.022 *	0.015	0.011
marry		0.874 ***	1.054 ***	1.007 ***	0.909 ***
file		0.548 ***	0.556 ***	0.552	0.552 ***
health		1.672 ***	1.522 ***	1.638 ***	1.579 ***
edu		0.188 ***		0.189 ***	
reason		-0.326 ***	-0.307 ***	-0.326 ***	-0.331 ***
job		0.449 ***	0.447 ***	0.440 ***	0.425 ***
inc		0.034 ***	0.034 ***		
年龄 （15~19岁=1）	20~29岁	-0.234 ***			-0.266 ***
	30~39岁	0.069			0.014
	40~49岁	0.247 ***			0.174 **
	50岁及以上	0.215 **			0.116
受教育程度 （未上过学=1）	小学		0.020		0.003
	初中		0.080 **		0.044
	高中/中专		0.290 ***		0.257 ***
	大学专科		0.927 ***		0.876 ***
	大学本科		1.141 ***		1.066 ***
	研究生		3.454 ***		3.161 ***

续表

变量		模型（8）	模型（9）	模型（10）	模型（11）
每月收入 （3000元以下=1）	3001~6000元			0.019	0.009
	6001~9000元			0.398 ***	0.376 ***
	≥9001元			0.068 ***	0.063 ***
LR		9497.28	9428.36	9335.41	9855.45
p值		0.000	0.000	0.000	0.000
偏 R^2		0.040	0.040	0.040	0.042
cut1		0.788	0.911	1.266	0.277

注：*、** 和 *** 分别表示在10%、5%和1%统计水平上显著。
资料来源：根据2015年中国流动人口动态监测调查数据整理。

表4-5的结果表明，相比15~19岁的群体，40岁及以上的农业转移人口市民化意愿更加强烈，20~29岁的农业转移人口市民化意愿会出现下降；相比未上过学的群体，高中/中专及以上学历的农业转移人口市民化意愿更加强烈，且随着学历的提高，市民化意愿也在逐渐加强；相比3000元及以下收入群体，6001~9000元的收入群体市民化意愿会显著提升，不过当收入达到9001元及以上时，该部分农业转移人口市民化的意愿又会大幅下滑。将三个控制变量同时加入模型，各变量对市民化的影响程度仍然没有发生改变，且从模型的LR值来看，模型（8）~模型（11）仍然具有十分强烈的显著性。

4.4 市民化意愿的异质性分析

4.4.1 市民化意愿的差异现状

以上海市为例（如图4-1所示），在上海市总共17个区中，流动人口长期居住意愿超过5%的有6个区。其中在松江区的流动人口居住意愿比例最高，达到了18.98%；其次比例较高的在闵行区和浦东新区，分别达到了18.02%和16.39%；接着为宝山区、杨浦区和嘉定区，居住意愿比例分别为

11.04%、8.9%和7.17%。流动人口居住意愿比例比较高的都是在经济发展快、生活水平高的区域，尤其是松江区，历史文化悠久，有着"上海之根"的美誉最为吸引流动人口居住。而经济发展与这6个区相比相对落后的区，流动人口的居住意愿明显下降，在静安区的流动人口居住意愿是全上海市最低的，只有0.62%，具有明显的差异。

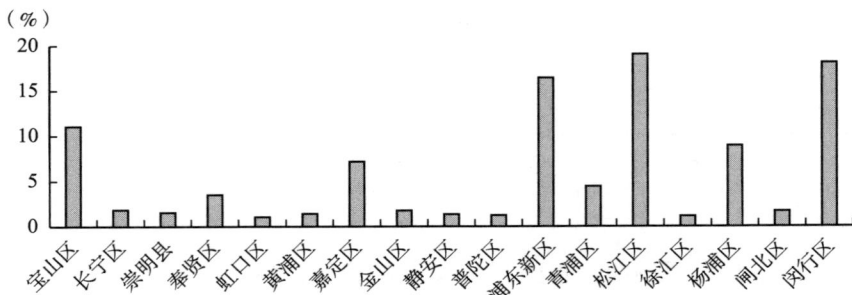

图4-1 上海市流动人口长期居住意愿比例

资料来源：根据2015年中国流动人口动态监测调查数据整理。

以湖南省为例（如图4-2所示），全省流动人口居住意愿比例最高的在长沙市，达到了28.73%，其次是株洲市，比例为13.19%，相比长沙市的流动人口居住意愿比例已明显下降。除长沙市和株洲市以外的12个市中，居住意愿超过5%的有6个市但均不超过10%，其中郴州市和岳阳市的居住意愿相对较高，分别为9.11%和8.06%，而益阳市的流动人口居住意愿比例是全湖南省最低的，只有1.21%。长沙市是湖南省的省会城市，经济发展快，在外知名度高，因此最吸引流动人口来此居住，而其他城市发展相对较慢，缺乏对流动人口的吸引力。

以四川省为例（如图4-3所示），成都市的流动人口居住意愿比例高达39.31%，是全省所有城市中最高的，宜宾市、攀枝花市和绵阳市的流动人口居住意愿比除成都市外的城市高，分别为10.97%、10.6%和6.04%，但与成都市相比比例已经明显下降了很多。其余城市的居住意愿均不超过5%，甘孜藏族自治州和广安市的居住意愿比例在全四川省最低，均只有0.51%。成都市既是四川省的省会城市，又自古有着"天府之国"的美誉，物产丰富经济发达，十分吸引流动人口来此居住，而其他城市发展相对滞后，因此流动人口的居住意愿都非常低，与成都市相比具有巨大的差异。

（%）

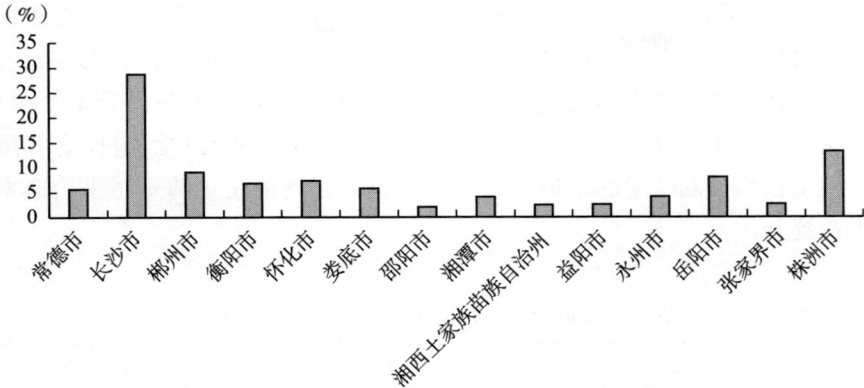

图 4 - 2　湖南省流动人口长期居住意愿比例

资料来源：根据 2015 年中国流动人口动态监测调查数据整理。

（%）

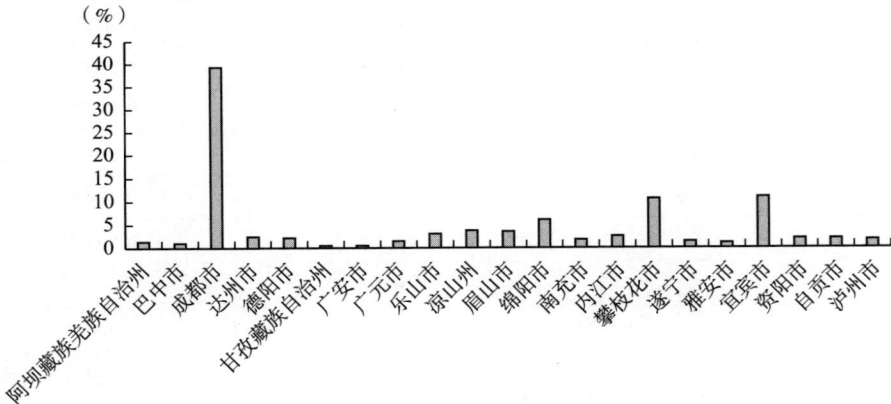

图 4 - 3　四川省流动人口长期居住意愿比例

资料来源：根据 2015 年中国流动人口动态监测调查数据整理。

4.4.2　非农户籍差异

表 4 - 6 是非农户籍流动人口市民化意愿的回归结果。研究表明，年龄、婚姻状况、受教育程度、流动原因和职业仍然是影响此类群体市民化意愿的重要因素，其影响程度也并未体现出明显的异质性。与农业转移人口不同的是，性别与子女性别成为显著的影响因素，女性流动人口的市民化意愿度会

提高 6.9%，家庭中有儿子的市民化意愿度会提高 5.5%；健康因素对市民化的影响效用下滑，不再是市民化意愿中的最主要因素，与农业转移人口相比，是否在本地的社区建立居民健康档案和家中老人是否健康每提升 1 个单位，市民化意愿的平均概率分别提升 29.5% 和 74.8%；收入的影响程度有所上升，且从作为控制变量的结果来看，收入越高，其市民化的意愿平均概率也会大幅提升。

表 4 - 6 　　　　　　　非农户籍流动人口市民化意愿的定序回归结果

变量		模型（1）	模型（2）
age		0.137 ***	
sex		- 0.069 ***	- 0.064 ***
sex2		0.055 **	0.039
marry		0.950 ***	0.833 ***
file		0.295 ***	0.297 ***
health		0.748 ***	0.774 ***
edu		0.170 ***	
reason		- 0.268 ***	- 0.399 ***
job		0.405 ***	0.383 ***
inc		0.103 ***	
年龄 （15～19 岁 = 1）	20～29 岁		- 0.189
	30～39 岁		0.120
	40～49 岁		0.319
	50 岁及以上		0.212
受教育程度 （未上过学 = 1）	小学		0.192
	初中		0.231
	高中/中专		0.358 **
	大学专科		0.703 ***
	大学本科		0.998 ***
	研究生		0.977 ***

续表

变量		模型 (1)	模型 (2)
收入 (3000 元及以下 =1)	3001 ~ 6000 元		0.066 **
	6001 ~ 9000 元		0.316 ***
	≥9001 元		0.316 ***
LR		1838. 50	1914. 46
p 值		0.000	0.000
偏 R^2		0.043	0.044
cut1		1. 054	0.252

注：*、** 和 *** 分别表示在 10%、5% 和 1% 统计水平上显著。
资料来源：根据 2015 年中国流动人口动态监测调查数据整理。

4.4.3 区域差异

表 4 - 7 是将人口流入地按区域[①]划分所得的结果。尽管三大区域的回归结果与总结果相差不大，但是区域之间的市民化意愿还是存在异质性。家中老人是否健康在西部、东部地区具有显著影响，但是在中部地区影响不显著；收入这一指标在西部地区对部分群体市民化的影响呈负值，当月收入水平不超过 9000 元时，收入每提高 1 个单位，市民化概率平均提升 12.1%，而当月收入水平超过 9000 元时，收入每提高 1 个单位，市民化概率平均会下降 8.6%，收入的过度增加反而会降低西部地区的农业转移人口市民化意愿度；性别与子女性别在东部地区对市民化的影响显著，男性市民化意愿比女性市民化意愿低 5.6%，而拥有儿子的市民化意愿比拥有女儿的市民化意愿高 4.7%；受教育程度在东部地区的影响最大，中、西部地区的影响效果逐渐减小，具有研究生学历的农业转移人口在中、西部地区的市民化意愿更大；婚姻状况、流动原因和职业对市民化的影响都是由西向东逐渐增强。

---

① 按照《中国统计年鉴》上对区域的划分标准，东部 10 个省份为：北京市、天津市、河北省、上海市、江苏省、浙江省、福建省、山东省、广东省和海南省；中部 6 个省份为：山西省、安徽省、江西省、河南省、湖北省和湖南省；西部 10 个省份为内蒙古自治区、广西壮族自治区、重庆市、四川省、贵州省、云南省、西藏自治区、陕西省、甘肃省、青海省、宁夏回族自治区和新疆维吾尔自治区（新疆生产建设兵团）。受定序回归分析所限，本书没有将东北三省放入区域异质性模型中。

表 4 - 7　　　　　　　　　　按区域分人口市民化意愿的定序回归结果

变量		西部		中部		东部	
		模型（1）	模型（2）	模型（3）	模型（4）	模型（5）	模型（6）
age		0.127 ***		0.143 ***		0.172 ***	
sex		− 0.028	− 0.023	0.010	0.003	− 0.056 ***	− 0.063 ***
sex2		− 0.037 *	− 0.039 **	0.049 *	0.041	0.047 ***	0.039 **
marry		0.765 ***	0.726 ***	0.957 ***	0.824 ***	1.362 ***	1.198 ***
file		0.450 ***	0.455 ***	0.436 ***	0.437 ***	0.500 ***	0.491 ***
health		1.285 ***	1.212 ***	0.390	0.454	1.629 ***	1.666 ***
edu		0.116 ***		0.142 ***		0.298 ***	
reason		− 0.284 ***	− 0.294 ***	− 0.264 ***	0.300 ***	− 0.180 ***	− 0.224 ***
job		0.280 ***	0.260 ***	0.143 ***	0.408 ***	0.660 ***	0.611 ***
inc		− 0.021 **		0.070 ***		0.097 ***	
年龄 （15 ~ 19 岁 = 1）	20 ~ 29 岁		− 0.253 **		− 0.168		− 0.317 ***
	30 ~ 39 岁		− 0.041		0.114		− 0.032
	40 ~ 49 岁		0.102		0.326		0.145
	50 岁及以上		0.053		0.180		0.036
受教育程度 （未上过学 = 1）	小学		− 0.015		0.106		0.045
	初中		− 0.064		0.143		0.240 ***
	高中/中专		0.088		0.226 *		0.636 ***
	大学专科		0.583 ***		0.701 ***		1.570 ***
	大学本科		0.667 ***		1.166 ***		1.612 ***
	研究生		3.946 ***		5.398 **		3.090 ***
收入 （3000 元及 以下 = 1）	3001 ~ 6000 元		− 0.029		0.083 ***		0.091 ***
	6001 ~ 9000 元		0.121 **		0.477 ***		0.642 ***
	≥9001 元		− 0.086 ***		0.144 ***		0.239 ***
LR		1737.04	1914.15	1391.50	1499.80	5488.11	5815.34
p 值		0.000	0.000	0.000	0.000	0.000	0.000
偏 R^2		0.024	0.027	0.035	0.037	0.052	0.055
N		52521	52521	29606	29606	76112	76112
cut1		0.772	− 0.012	1.246	0.469	2.123	0.794

　　注：表中缺失部分表示该变量没有放入模型。 *、 ** 和 *** 分别表示在10%、5%和1%统计水平上显著。

　　资料来源：根据2015年中国流动人口动态监测调查数据整理。

4.4.4　各线城市差异

表 4-8 是将人口流入地按城市等级①划分所得的结果。按城市等级分类观察农业转移人口市民化意愿程度，各变量的影响效应仍然存在异质性。从健康因素来看，一线城市的农业转移人口明显比二、三线城市更加注重健康，是否在本地的社区建立居民健康档案能够将市民化意愿度平均提升 70% 左右，不过家中老人是否健康仅在二、三线城市存在显著影响；受教育程度在各类城市中影响程度各异，从高中开始，学历每提升 1 个单位，市民化意愿度都会大幅提升，大学本科及研究生学历在二线城市市民化意愿度最强，在三线城市市民化意愿度最弱；子女性别在一、二线城市显著，家庭拥有儿子的市民化意愿度能够提升 8% 左右；此外，婚姻、稳定的工作和收入在一线城市都表现出较大的影响程度。

表 4-8　　　　　　按城市等级分人口市民化意愿的定序回归结果

变量	一线城市		二线城市		三线城市	
	模型（1）	模型（2）	模型（3）	模型（4）	模型（5）	模型（6）
age	0.223 ***		0.168 ***		0.147 ***	
sex	−0.032	−0.045	0.021	0.013	−0.012	−0.003
sex2	0.083 **	0.070 **	0.071 ***	0.063 ***	−0.023	−0.026 *
marry	0.668 ***	0.631 ***	0.984 ***	0.857 ***	1.098 ***	0.998 ***
file	0.707 ***	0.700 ***	0.550 ***	0.553 ***	0.538 ***	0.537 ***
health	0.771	0.811	1.392 ***	1.380 ***	1.800 ***	1.737 ***
edu	0.225 ***		0.218 ***		0.148 ***	
reason	−0.177 ***	−0.212 ***	−0.240 ***	−0.280 ***	−0.379 ***	−0.384 ***
job	0.734 ***	0.684 ***	0.442 ***	0.397 ***	0.444 ***	0.423 ***
inc	0.121 ***		0.041 ***		0.011 *	

① 按照《中国统计年鉴》上对区域的划分标准：一线城市为北京、上海、广州、深圳、天津共 5 个城市；二线城市为杭州、南京、成都、武汉、青岛、宁波、厦门、重庆、大连、沈阳、长沙、西安、郑州、济南、太原、长春、昆明、合肥、哈尔滨、福州、海口、南昌、石家庄、呼和浩特、乌鲁木齐、南宁、兰州、贵阳、银川、西宁共 30 个城市；其余城市为三、四线城市。

变量		一线城市		二线城市		三线城市	
		模型（1）	模型（2）	模型（3）	模型（4）	模型（5）	模型（6）
年龄 （15～19 岁 =1）	20～29 岁		-0.390 **		-0.407 ***		-0.158 *
	30～39 岁		-0.207		-0.148		0.146
	40～49 岁		0.123		-0.012		0.277 **
	50 岁及以上		-0.037		-0.116		0.275 **
受教育程度 （未上过学 =1）	小学		0.124		0.039		-0.026
	初中		0.150		0.031		0.021
	高中/中专		0.526 ***		0.239 **		0.183 ***
	大学专科		1.045 ***		0.866 ***		0.755 ***
	大学本科		1.172 ***		1.316 ***		0.728 ***
	研究生		1.780 **		5.002 ***		2.410 ***
收入 （3000 元及 以下 =1）	3001～6000 元		0.152 ***		0.050 **		-0.047 ***
	6001～9000 元		0.778 ***		0.446 ***		0.237 ***
	≥9001 元		0.332 ***		0.058 *		0.010
LR		1149.77	1256.56	2952.72	3238.95	5301.32	5585.17
p 值		0.000	0.000	0.000	0.000	0.000	0.000
偏 R^2		0.043	0.047	0.040	0.044	0.039	0.041
N		19650	19650	53548	53548	98990	98990
cut1		1.699	0.279	1.476	0.101	1.113	0.338

注：表中缺失部分表示该变量没有放入模型。* 、** 和 *** 分别表示在 10% 、5% 和 1% 统计水平上显著。

资料来源：根据 2015 年中国流动人口动态监测调查数据整理。

4.5 稳健性检验

4.5.1 变量的选择

本书在上述研究的基础上，进一步对结论进行稳健性检验，根据实际情况和现有相关研究来看，导致农业转移人口市民化的异质性原因有很多，因此，本书从个体因素和基本公共卫生情况两个方面选取变量。

4.5.1.1 个体因素

（1）职业（*job*）。需要说明的是在问卷调查中的职业主要有：①国家机关、党群组织、企事业单位负责人；②专业技术人员；③公务员、办事员和有关人员；④经商；⑤商贩；⑥餐饮；⑦家政；⑧保洁；⑨保安；⑩装修；⑪其他商业、服务人员；⑫农、林、牧、渔、水利业生产人员；⑬生产；⑭运输；⑮建筑；⑯其他生产、运输设备操作人员；⑰无固定职业；⑱其他。农业转移人口的流动程度和其职业的稳定性有密切关系，所以根据职业性质将稳定性较高的①~④划分为一类，设为 *job* = 1，其余则设为 *job* = 0。

（2）受教育程度（*edu*）。从人力资源理论和迁移流动理论中可以看出，农业转移人口接受的教育程度越高，人们越倾向于在流入地发展；反之，更愿意回户籍地发展。问卷中将受教育程度分为：未上过学、小学、初中、高中/中专、大学专科、大学本科、研究生。为了分析方便，我们将义务教育为界设置虚拟变量，被调查者具有高中及以上学历的设为 *edu* = 1，其他 *edu* = 0。

（3）农业转移人口自身的年龄（*age*）。以 1980 年为界限，将 1980 年之后出生的人设为 *age* = 1，其他 *age* = 0。

（4）本次流动的原因（*reason*）。将流动人口中流动原因是"务工经商"的设为 *reason* = 1，其他 *reason* = 0。

（5）农业转移人口自身的性别（*sex*）。将男性设为 *sex* = 1，女性设为 *sex* = 0。

（6）农业转移人口子女的性别，考虑到部分人群没有子女，因此设置两个虚拟变量：*boy* = 1 表示有子女，且子女为男孩；*girl* = 1 表示有子女，且子女为女孩。

4.5.1.2 基本公共卫生情况

（1）农业转移人口是否在本地的社区建立居民健康档案（*file*）。为了简化分析，本书将已经建立居民健康档案的设为 *file* = 1，其他 *file* = 0。

（2）老年人医疗卫生服务主要包括老年人的身体健康状况（*self*）。将健康、基本健康、不健康，但生活能自理的老年人设置虚拟变量 *self* = 1，生活不能自理的老年人设为 *self* = 0。

4.5.1.3 变量统计描述

本书将对所选的因变量与自变量进行统计描述，其均值与标准差如表4－9所示，满足回归分析的要求。

表4－9   **相关数据描述**

变量	总体		一线城市		二线城市		三、四线城市	
	均值	标准差	均值	标准差	均值	标准差	均值	标准差
edu	0.28	0.45	0.31	0.46	0.32	0.47	0.25	0.43
job	0.20	0.40	0.17	0.38	0.19	0.39	0.21	0.41
reason	0.85	0.35	0.88	0.33	0.86	0.35	0.85	0.36
sex	0.50	0.50	0.52	0.50	0.52	0.50	0.54	0.50
file	0.29	0.45	0.19	0.39	0.33	0.47	0.28	0.45
self	0.11	0.10	0.01	0.10	0.01	0.10	0.11	0.11
boy	0.40	0.49	0.41	0.49	0.39	0.49	0.41	0.49
girl	0.35	0.48	0.34	0.48	0.34	0.47	0.36	0.48
age	0.56	0.50	0.58	0.49	0.58	0.49	0.54	0.50

资料来源：根据2015年中国流动人口动态监测调查数据整理。

4.5.2 模型的构建

不同于上述分析中所使用的定序 Logit 模型，稳健性检验中所用的模型为 Probit 模型，具体表示为：

$$\text{Probit}(y_i = 1 \mid x_i) = \emptyset(x_i, \beta) = \emptyset(\beta_0 + \beta_1 x_1 + \beta_2 x_2 + \beta_3 x_3 + \cdots + \beta_n x_n)$$

其中，y 为因变量，表示农业转移人口的"长期居住意愿"（打算长期居住 = 1，否则 = 0）；x_1, x_2, x_3, $\cdots$, x_n 为自变量，$n = 9$ 即 9 项可能对农业转移人口长期居住意愿有影响的变量；β_0 为常数项，β_1, β_2, β_3, $\cdots$, β_n 为自变量的系数，$n = 9$。

4.5.3 各线城市的相关性分析

为了比较不同城市之间的农业转移人口群体的差异，本书对各线城市中的农业转移人口分别进行测度。在建立 Probit 模型分析前先对解释变量进行相关性分析，相关系数如表 4 - 10 ~ 表 4 - 12 所示。各组别样本中解释变量最大相关系数绝对值均低于共线性存在的门槛值 0.7，因此，可以排除共线性问题。

表 4 - 10　　　　　　　　　一线城市的相关系数

变量	edu	job	reason	sex	file	self	boy	girl	age
edu	1.000								
job	0.117	1.000							
reason	0.003	0.097	1.000						
sex	0.004	0.088	0.253	1.000					
file	0.018	0.003	- 0.016	- 0.048	1.000				
self	- 0.017	- 0.013	- 0.097	0.014	- 0.011	1.000			
boy	- 0.104	0.022	0.049	0.008	0.040	- 0.044	1.000		
girl	- 0.080	0.029	0.018	- 0.014	0.026	- 0.043	- 0.607	1.000	
age	0.270	- 0.005	- 0.058	- 0.006	- 0.008	- 0.080	- 0.173	- 0.119	1.000

资料来源：根据 2015 年中国流动人口动态监测调查数据整理。

表 4 - 11　　　　　　　　　二线城市的相关系数

变量	edu	job	reason	sex	file	self	boy	girl	age
edu	1.000								
job	0.083	1.000							
reason	- 0.002	0.127	1.000						
sex	- 0.002	0.062	0.289	1.000					

续表

变量	edu	job	reason	sex	file	self	boy	girl	age
file	0.026	0.048	-0.018	-0.029	1.000				
self	-0.035	-0.023	-0.089	0.006	0.003	1.000			
boy	-0.139	0.031	0.035	0.000	0.008	-0.053	1.000		
girl	-0.095	0.033	0.006	-0.009	0.022	-0.047	-0.570	1.000	
age	0.306	-0.017	-0.086	-0.105	-0.016	-0.081	-0.203	-0.142	1.000

资料来源：根据2015年中国流动人口动态监测调查数据整理。

表4-12　　　　　　　　　　三、四线城市的相关系数

变量	edu	job	reason	sex	file	self	boy	girl	age
edu	1.000								
job	0.085	1.000							
reason	-0.017	0.136	1.000						
sex	0.015	0.051	0.284	1.000					
file	0.020	0.016	-0.044	-0.022	1.000				
self	-0.034	-0.020	-0.088	0.007	-0.022	1.000			
boy	-0.102	0.029	0.051	-0.011	0.014	-0.058	1.000		
girl	-0.083	0.032	0.034	-0.009	0.022	-0.050	-0.613	1.000	
age	-0.211	-0.018	-0.090	-0.107	-0.022	-0.082	-0.173	-0.137	1.000

资料来源：根据2015年中国流动人口动态监测调查数据整理。

4.5.4　各线城市的回归分析

各线城市农业转移人口市民化回归结果，如表4-13所示。

表 4 - 13　　　　　　　**基于 Probit 模型的农业转移人口市民化回归结果**

变量	模型（1）	模型（2）	模型（3）
edu	0.28 *** (13.23)	0.20 *** (15.47)	0.16 *** (15.70)
job	0.34 *** (13.27)	0.23 *** (15.65)	0.23 *** (22.47)
reason	- 0.17 *** (- 5.57)	- 0.19 *** (- 11.08)	- 0.3 *** (- 24.82)
sex	- 0.00 (- 0.09)	0.03 *** (2.60)	0.01 (1.25)
file	0.33 *** (13.80)	0.27 *** (23.10)	0.27 *** (29.41)
self	0.60 *** (5.91)	0.53 *** (8.65)	0.66 *** (16.03)
boy	0.39 *** (15.76)	0.44 *** (29.07)	0.44 *** (38.88)
girl	0.39 *** (15.34)	0.43 *** (27.85)	0.49 *** (42.51)
age	- 0.19 *** (- 9.42)	- 0.13 *** (- 9.94)	- 0.1 *** (- 11.38)
常数项	- 0.39 (- 1.07)	- 0.11 *** (- 4.85)	- 0.11 *** (- 7.23)

注：模型（1）表示一线城市回归方程，模型（2）表示二线城市回归方程，模型（3）表示三、四线城市回归方程；*、** 和 *** 分别表示在 10%、5% 和 1% 统计水平上显著。
资料来源：根据 2015 年中国流动人口动态监测调查数据整理。

三类城市市民化意愿的回归分析结果表明：

（1）受教育程度是不同城市农业转移人口居住意愿差异性的原因。从受教育程度的角度来看，农业转移人口的受教育程度越高在一线城市的市民化意愿也越强，在二线城市的市民化意愿有所下降，在三、四线城市的市民化意愿最弱。这是因为在一线城市中各种资源都十分充足，如果能够充分利用各种资源可使自身得到更好的发展，而受教育程度越高的农业转移人口显然具有更大的优势。此外，三、四线城市就业岗位的学历要求比较低，农业转移人口较低的学历对就业的影响会进一步缩小，由于受教育程度高的农业转移人口优势不明显，为了更好地发挥自身优势，这类人群会倾向流入一、二线城市。

（2）职业的稳定性对农业转移人口居住意愿影响较大。从职业的角度来看，在一线城市中农业转移人口的职业越稳定，市民化意愿比从事其他职业的人群要更强，从事这一类职业的农业转移人口已经具有一定的自我发展高度，在职业的追求上可能已经达到"天花板效应"，因此更愿意选择留在一线城市并维持现状。但在二线城市和三、四线城市中，农业转移人口从事的职业对他们的市民化意愿相比在一线城市中影响要小很多，因为从事稳定职业的人还有更大的发展空间，追求更高、志向更远的农业转移人口可以向一线城市流入以此寻求更高的发展，因此市民化意愿会下降。

（3）一线城市更吸引外出务工经商的农业转移人口居住。从本次流动原因的角度来看，农业转移人口的市民化意愿在一、二线城市和三、四线城市中呈现出明显的下降趋势，并且在三、四线城市中的差异达到最大。农业转移人口流动的原因大部分为"务工经商"，而一、二线城市机会多、市场大、商机多、收入高，三、四线城市无论就业机会、市场还是收入都不如一、二线城市，对于"务工经商"的农业转移人口而言更愿意选择留在一、二线城市，选择留在三、四线城市的意愿则相对较小。

（4）农业转移人口自身性别与其居住意愿基本无关。从农业转移人口自身的性别角度来看，在一线城市和三、四线城市中结果为不显著，在二线城市中为显著，但系数只有0.03，因此可以认为农业转移人口自身性别对所在一、二线城市或三、四线城市的市民化意愿几乎没有影响，这可能是因为当今社会分工观念的转变，女性也更加倾向于拥有自己的工作，寻求更大的发展空间，提高自身生活品质。

（5）建立居民健康档案对农业转移人口的居住意愿有积极影响。从是否建立居民健康档案的角度来看，一线城市中建立留居民健康档案的农业转移人口市民化意愿更强，在二线城市和三、四线城市中情况与一线城市中的情况相同，但是他们的市民化意愿强度相比一下城市有所下降。自2009年国家卫健委提出要逐步在全国建立居民健康档案并实施规范管理以来，农业转移人口在一线城市中建立居民健康档案的效率比二、三、四线城市更强,而在一线城市中能享受到更高质量的医疗服务也在一定程度上提高了市民化意愿。

(6)家庭中老年人能自理的市民化意愿更高。从家中老年人能否自理的角度来看,老人能够自理能够减少农业转移人口顾虑,因此市民化意愿更高,且这一结论在各线城市中相差无几,也可以侧面反映出我国养老市场潜力巨大,是未来人口城镇化建设的一个关键之处。

(7)在三、四线城市中子女性别对农业转移人口的市民化意愿影响较大。从农业转移人口子女性别的角度来看,在一、二线城市中,子女是男孩还是女孩对农业转移人口的市民化意愿影响无差异,而在三、四线城市子女性别则对农业转移人口的市民化意愿影响差异非常明显。子女性别为女孩的相对而言市民化意愿更强一些,这可能是因为农业转移人口养育女孩时家庭负担要更小,而男孩则更多会考虑住房问题,按照现在城市住房价格增长速度,其生活压力则更大,再加上三、四线城市的工资收入不如一、二线城市,农业转移人口更倾向于流入一、二线城市而获得更多的回报,因此农业转移人口市民化意愿相对较弱。

(8)农业转移人口的年龄影响其市民化意愿。从年龄的角度来看,回归系数均为负数,不过"80 后"的新生代农业转移人口相比"80 前"的老一代市民化意愿要弱。差别最大的体现在一线城市,老一代农业转移人口进入一线城市的时间相比新生代更早,基本上这类群体有稳定的工作和收入来源,积蓄也能够使他们在一线城市购买住房或长期租房,因而更加愿意市民化。新生代农业转移人口刚进入一线城市时间不久,工作时间短、熟练程度低,失业率也相对更高,市民化意愿会更小一些。在三、四线城市中,由于各方面生活压力都相对较小,两代农业转移人口的生活水平不至于差距太大,因此市民化意愿相差不大。

4.6 结　　论

本书基于 2015 年流动人口动态监测数据,对市民化意愿等关键变量进行有序分类,运用定序 Logit 回归模型以及 Probit 回归模型实证检验了健康因素及其他因素对农业转移人口市民化的影响决策,然后对比分析农业转移人口与非农户籍流动人口市民化的差异，最后从不同区域、不同城市等级对市民化结果的异质性展开分析，最终得出以下结论。

（1）健康因素在很大程度上影响了农业转移人口市民化的决策，其影响程度在东部地区最为明显。从影响程度来看，家中老人身体状况由健康转变为不健康时，农业转移人口市民化的概率会提升162%，高出非农户籍流动人口的74.8%；建立居民健康档案时，农业转移人口市民化的概率会提升55.2%，高出非农户籍流动人口29.5%。从区域来看，家中老人是否健康对东部地区的影响最大，市民化概率可提升160%左右，对西部地区的影响其次，对中部地区的影响不显著；建立居民健康档案在各个区域都存在影响，但是差异不大。从城市级别来看，家中老人是否健康对三线城市的影响最大，市民化概率可提升180%左右，对二线城市的影响其次，对一线城市的影响不显著；建立居民健康档案则对一线城市的影响最大，市民化概率可提升70%左右，对二、三线城市的影响较小。

（2）接受过研究生教育的市民化概率呈跨越式增长，教育在中、西部地区对农业转移人口市民化的影响更明显。总体上看，受教育程度每提升1个单位，会增加19.1%的市民化概率。从受教育程度的结构来看，初中及以下学历对市民化几乎不存在影响，而从高中阶段开始，学历越高市民化的概率则越大，特别是拥有研究生学历的农业转移人口，其市民化概率可提高306.1%，这是农业转移人口与非农户籍流动人口在受教育程度影响上的最大差异。从区域和城市等级来看，受教育程度在东部一线城市的影响程度较小，对中、西部地区和二、三线城市的影响较大，表明学历在经济社会发展水平较低的地区作用较大。此外，流动原因作为另一个社会因素对市民化存在负向影响，即当农业转移人口因其他流动原因向务工经商转变时，其市民化的意愿会下降，这可能是该群体在工作和社会融合中将面临更多的压力。

（3）在影响市民化的经济因素中，稳定的职业比收入更重要，经济因素具有较强的异质性。农业转移人口具有稳定的职业能够增加45.7%的市民化概率，而收入每提高1个单位仅能增加3.5%的市民化概率。经济因素的异质性体现在两个方面，一是在东部地区、一线城市中，市民化的经济效应都要明显强于中、西部和二、三线城市；二是1000~9000元的中等收入水平最能刺激农业转移人口市民化。收入每提高1个单位能增加37.6%的市民化概率，而3001~6000元和9001元及以上的收入水平仅能增加不到10%的市民化概率,这一结果也与过低的收入水平会降低市民化预期、过高的收入水平会进一步增加流动性的观点一致(白南生和李靖,2008)。

(4)个体因素中婚姻对市民化存在正向影响,年龄、性别与子女性别的影响作用较小。在影响农业转移人口市民化程度的个体因素中,婚姻是最主要的因素,这与现有研究学者的结论相符(王桂新等,2010),当个体由单身转变为已婚能够提升 101.3% 的市民化概率,且婚姻在东部地区和三线城市对农业转移人口市民化的影响也超过其他区域。年龄、性别等个体因素的影响程度较小,且对农业转移人口的影响不如非农户籍流动人口的影响大。从年龄结构来看,仅有 20~29 岁的"新生代"农业转移人口会显著降低市民化程度,其他年龄段的影响效应不明显。与非农户籍流动人口的影响不同的是,性别几乎无法影响农业转移人口市民化,不过子女性别存在差异化的影响,从区域来看,拥有儿子的家庭在东部市民化的可能性较大,而拥有女儿的家庭在西部市民化的可能性较大;从城市级别来看,拥有儿子的家庭在一、二线城市市民化的可能性较大,拥有女儿的家庭在三线城市市民化的可能性较大,该结论也十分符合"儿子为事业远走高飞、女儿为家庭陪伴身边"的传统父母观念。

第 5 章

农村外流劳动力的回流意愿
及影响因素研究

5.1 研 究 背 景

自改革开放以来，农村剩余劳动力进城务工已成为一种趋势，而随着"人口红利"的逐渐消失，劳动力的流向也逐渐成为各地区所关注的焦点。近年来，随着"乡村振兴"战略的制定实施，人才成为能否真正实现乡村振兴的关键（何鑫等，2019），为此，地方政府相继出台了一系列具有针对性的政策措施，鼓励和引导人才向乡村流动。然而，农村基础设施建设相对落后、基本公共服务供给不足和人居环境脏乱差等原因，都降低了人才流向乡村的可能性（方永丽和胡雪萍，2017）。因此，如何吸引农村外流劳动力返乡创业和参与治理是当下更为现实的一个重要课题，而地方政府在制定决策时，也应充分考虑外出务工者的回流意愿和顾虑。

5.2 数据、变量与方法

5.2.1 数据来源及处理

中国流动人口动态监测调查数据（CMDS）是由国家卫健委收集和发布的大规模调查数据。该数据集是自 2009 年起每年在流动人口较为集中的流入地进行的大规模抽样调查数据，对象包括全国 31 个省（区、市）和新疆生产建设兵团的流动人口，年均样本量为 20 万个，内容涵盖了流动人口的基本情况和家庭信息、累计流动时间、收入与开支情况、就业与社会保障、婚姻与教育等方面的信息，基本上能够满足本书的研究需求。鉴于数据的可获性，本书使用了 2016 年中国流动人口动态监测调查数据，总样本量为 16.9 万个。

考虑到本书研究对象的特殊性，因此，需要对原始数据进行清理以分离出农业转移人口。本书的识别方法是，从"户口登记类型"中将回答为"农业"的样本定义为农业转移人口，以计划返乡年限为划分依据，定义流动就业人口的回流意愿。经筛选后，样本量为 1.05 万个。

5.2.2 变量选取

5.2.2.1 被解释变量

考虑到本书的研究主旨为流动就业人口回流意愿，因此，在该数据集中以"您打算什么时候返乡？"选项作为回流意愿度的测量指标，记为 y。

5.2.2.2 解释变量

现有研究意愿度的影响因素有许多，鉴于数据的可获型，本书将所选择的变量分为三类，即个体因素、社会因素、经济因素，具体如下。

（1）个体因素。在个体因素中，选取性别（*sex*）、年龄（*age*）和婚姻状况（*marry*）共 3 个变量。根据年龄特征，将年龄划分为 1980 年及以前出生与 1980 年以后出生。本书认为年龄阶段、婚姻状况的流动就业人口在回流意愿度上都会产生异质性的意见，年龄大和处于单身状态的流动就业人口更加倾向于回到农村。

（2）社会因素。在社会因素中，选取受教育程度（*edu*）和流动时间（*flowtime*）进行流动就业人口回流意愿的异质性分析。问卷中的受教育程度被划分为：未上过学、小学、初中、高中、中专、大学专科、大学本科和研究生共 7 类，本书认为，流动就业人口受教育程度越低，越难以融合与城市，从而会增加其回乡的意愿度。流动时间被划分为：不到 1 年、1～2 年、3～4年、5～9 年、10～14 年、15～19 年、20～29 年、30 年及以上共 8 类，本书认为，流动就业人口的流动时间越短，其更倾向于回流。

（3）经济因素。在经济因素中，选取了较有代表的职业（*job*）、月工资收入（*inc*）和本地是否有房（*house*）来检验回流意愿的异质性。问卷中的职业划分一共有 18 类，而本书认为：国家机关、党群组织、企事业单位负责人，专业技术人员，公务员、办事员和有关人员以及经商这四类职业属于较为稳定的职业，本书认为，职业不稳定的流动就业人口更倾向于回到农村。另外，我们以本地是否有房对流动就业人口进行了划分，本书认为，本地无房的流动就业人口更倾向于回流。

5.2.3　分析方法

问卷中关于"您打算什么时候返乡"的回答有 6 个："1 年内""1～2年""3～5 年""6～10 年""10 年以后""没想好"，考虑到本书的研究目的，将"没想好"设为 1，"10 年以后"设为 2，"6～10 年"设为 3，"1年内""1～2 年""3～5 年"设为 4。设置后的变量体现出一定的次序，数值越大，表明回流意愿度更高。然而，这样的设定隐含一种假设，即相邻类别之间的距离完全相等。为保证回归结果不会因排序信息的丢失而损失效率，结合随机扰动项的分布形态，本书选用定序 Logit 模型对流动就业人口回流的意愿展开研究。

由于被解释变量为二分类变量，y 可表示在 $\{1, 2\}$ 上取值的有序相应，本书的解释变量 $x_1 \sim x_k$ 为个体因素、社会因素以及经济因素，按照定序变量类别间平行的假设，可定义潜变量 y^*，设 θ 为未知分割点，同时定义：

$$y = \begin{cases} 1, & y^* \leqslant \theta \\ 2, & y^* > \theta \end{cases}$$

令：

$$y^* = \beta X + \gamma Z + \varepsilon$$
$$P(y = 1 \mid \boldsymbol{X}, \boldsymbol{Z}) = F(\theta - \beta X - \gamma Z)$$
$$P(y = 2 \mid \boldsymbol{X}, \boldsymbol{Z}) = 1 - F(\theta - \beta X - \gamma Z)$$

5.2.4　统计描述

据 2016 年中国流动人口动态监测数据显示，约有 1.0513 万流动就业人口打算返回农村，其余解释变量的定义及比例如表 5 – 1 所示。

表 5 – 1　　　　　　　　　　数据统计与变量赋值

变量类别	变量名称	变量定义或说明	均值	标准差
被解释变量	计划返乡年限	没想好 = 1；10 年以上 = 2；6 ~ 10 年 = 3；5 年及以下 = 4	2.949	0.014
个体因素	性别	女 = 1；男 = 2	1.479	0.001
	婚姻状况	已婚 = 1；单身 = 2	1.195	0.001
	年龄	1980 年以后出生 = 1；1980 年及以前出生 = 2	1.424	0.001
社会因素	受教育程度	高中以上学历 = 1，高中以下学历 = 2	1.617	0.001
	流动时间	9 年以上 = 1，1 ~ 9 年 = 2	1.739	0.001
经济因素	职业	稳定的职业（国家国家机关、党群组织、企事业单位负责人/专业技术人员/公务员、办事人员和有关人员/经商） = 1，其他 = 2	1.648	0.001
	本地是否有房	本地无房 = 1，本地有房 = 2	1.277	0.001
	每月收入	5000 元以上 = 1，5000 元及以下 = 2	1.692	0.001

资料来源：根据 2016 年中国流动人口动态监测调查数据整理。

5.3　回流意愿的影响因素分析

5.3.1　相关分析

为避免各变量之间的多重共线性问题，在进行回归分析之前，需要检验各解释变量之间的相关性。表5-2中显示了各解释变量之间的相关性，从结果来看，性别与年龄、婚姻的相关系数分别为-0.065和0.015，收入与职业的相关系数为0.142，受教育程度与年龄的相关系数为0.214，其余变量之间的相关系数均不超过0.150，远低于多重共线性的门槛值0.700。因此，本书认为回归模型中不存在多重共线性问题。

表5-2　　　　　　　　　　　各解释变量的相关分析

变量	*sex*	*marry*	*inc*	*edu*	*flowtime*	*house*	*job*	*age*
sex	1.000							
marry	0.015	1.000						
inc	0.089	0.089	1.000					
edu	0.020	-0.114	0.092	1.000				
flowtime	0.067	0.166	0.027	-0.085	1.000			
house	-0.034	-0.061	-0.050	-0.035	-0.033	1.000		
job	0.010	0.082	0.142	0.070	0.063	-0.081	1.000	
age	-0.065	-0.325	0.024	0.214	-0.252	0.061	-0.020	1.000

资料来源：根据2016年中国流动人口动态监测调查数据整理。

5.3.2　定序回归分析

在回归分析中，本书构建定序Logit回归计量模型，先后将可能影响流动就业人口回流意愿的个体因素、社会因素和经济因素纳入模型中，然后在模型中对有可能产生多重共线性的因素进行了替换，最终形成了 7 个回归模型，其回归结果如表 5-3 所示。

表 5-3　　　　　　　　流动就业人口回流意愿的定序回归分析

变量	模型（1）	模型（2）	模型（3）	模型（4）	模型（5）	模型（6）	模型（7）
sex	0.997	0.992	0.972	0.965	0.983	0.974	0.975
marry	1.471 ***	1.410 ***	1.426 ***		1.498 ***	1.487 ***	1.497 ***
age	0.790 ***	0.865 ***	0.870 ***	0.796 ***			
edu		0.834 ***	0.815 ***	0.790 ***	0.793 ***	0.786 ***	0.791 ***
flowtime		1.362 ***	1.342 ***	1.372 ***	1.386 ***	1.382 ***	1.393 ***
house			0.753 **	0.737 ***	0.744 ***	0.746 ***	
inc			0.890	0.921	0.883		
job			1.385 ***	1.412 ***	1.388 ***	1.373 ***	1.384 ***
LR	128.04	184.70	229.28	192.67	221.15	217.91	211.03
p 值	0.000	0.000	0.000	0.000	0.000	0.000	0.000
偏 R^2	0.007	0.010	0.015	0.012	0.015	0.014	0.014
N	10513	10513	8831	8831	8831	8831	8832

注：*、** 和 *** 分别表示在 10%、5%、1% 统计水平上显著。模型（1）~模型（3）是逐步回归的结果，模型（4）和模型（5）是剔除婚姻状况和年龄的回归结果，而模型（6）和模型（7）则是在模型（5）的基础上进一步剔除收入和本地是否有房的回归结果。在模型的逐步选择上，本书主要参考的指标是 LR 值。

资料来源：根据 2016 年中国流动人口动态监测调查数据整理。

　　模型（1）~模型（7）的结果表明，本书选用的计量模型具有十分显著的统计学意义。结果显示，除性别和收入外，其余变量对农村外流劳动力均存在显著的回流效应。根据其影响结果来看，可大致分为三类。

　　第一类是社会因素，包括受教育程度和流动时间。从各个模型的结果来看，受教育程度每提高 1 个单位，农村外流劳动力的回流意愿会提高约79.0%，表明随着学历的提升，其回流意愿反而会下降。流动时间每提高 1 个单位，农村外流劳动力的回流意愿会提高至 130.0%~140.0%，表明随着外流时间的增加，其回流意愿也会下降。这也从一方面验证了客观现实的存在性。

第二类是个体因素，包括婚姻状况和年龄。模型（3）的结果显示二者均会显著提升外流劳动力的回流意愿，即年龄较大的未婚农村劳动力更倾向于选择回流。由于年龄越大，越有可能已婚，不少学者认为二者之间存在一定联系，同时放入模型容易导致结果出现偏差。因此，本书在模型（5）和模型（6）中分别剔除了两种因素，但是结果仍显示个体因素是农村外流劳动力回流的一种主要因素。

第三类是经济因素，包括本地是否有房和职业。本地有房的流动就业人口更倾向于回流，这与本书假设观点并不一致。造成这一现象的原因可能是，在本地有房的外流劳动力已具有一定的经济实力，因而不会受制于迁移成本而降低回流意愿。职业每提高1个单位，农村外流劳动力的回流意愿会提高138.8%，表明不稳定的工作更易让人增加回流意愿。此外，也有学者认为工作越稳定、收入越高，越有能力购买住房，为此，本书也尝试对三者依次剔除后进行观测，结果表明本地有房和职业不稳定仍然是提升回流意愿的主要因素，部分结果如模型（7）和模型（8）所示。

5.4　回流意愿的异质性分析

为进一步检验上述因素对回流意愿的影响，本书分别对外流劳动力的户籍、所在的区域及各线城市进行异质性分析，以此提出更具有针对性的政策建议。

5.4.1　户籍差异

为区别于农村户籍劳动力，本书在问卷中将户口性质为"非农业""农业转居民""非农业转居民""居民"都归为非农户籍外流劳动力，并按照同样的方法得到非农户籍回流意愿的结果，如表5-4所示。与农村户籍回流意愿相比，婚姻状况、年龄和受教育程度并非表现出明显的差异，而在本地是否有房、收入、职业、流动时间和性别则表现出异质性。具体而言，本地有房、收入较低的外流劳动力回流意愿更加强烈，这或许是因为对收入预期下降所导致的回流，而在本地有房又表示其不会因迁移成本给家庭带来过大的经济压力。

表 5 −4　　　　　　　　　非农户籍回流意愿的回归结果

变量	模型（1）	模型（2）	模型（3）	模型（4）	模型（5）	模型（6）	模型（7）
sex	1.231 **	1.279 **	1.153	1.170	1.219 *	1.192 *	1.205 *
marry	0.925	0.943	1.472 **		1.773 ***		
age	0.450 ***	0.523 ***	0.520 ***	0.478 ***		0.459 ***	0.466 ***
edu		0.577 ***	0.759 **	0.746 **	0.648 ***	0.704 ***	0.697 ***
flowtime		0.889	1.128	1.157	1.291 *	1.049	1.050
house			9.886 ***	9.477 ***	9.866 ***	7.230 ***	7.537 ***
inc			0.657 ***	0.673 ***	0.635 ***	0.774 **	
job			0.998	1.020	0.990		
LR	70.02	98.56	296.40	289.86	268.17	347.27	341.37
p 值	0.000	0.000	0.000	0.000	0.000	0.000	0.000
偏 R^2	0.014	0.020	0.076	0.075	0.069	0.071	0.070
N	30152	30152	23456	23456	23456	30151	30151

注：通过观察 LR 值，剔除婚姻状况的模型（4）要比剔除年龄的模型（5）结果更好，因此，模型（6）和模型（7）是在模型（4）的基础上进一步剔除职业和收入的回归结果。
资料来源：根据 2016 年中国流动人口动态监测调查数据整理。

职业和流动时间已不再是影响非农户籍外流劳动力回流的主要因素，这说明农村户籍劳动力看重职业是否稳定，而非农户籍劳动力更看重收入的高低，从流动时间上来看，农村户籍劳动力的"乡愁情怀"也更浓厚。此外，男性相比女性更愿意选择回流，不过其影响程度仅在 10% 的显著性水平下得以体现。

5.4.2　区域差异

表 5 −5 是将人口流入地按区域划分所得的结果。结果表明婚姻状况、流动时间和受教育程度对回流意愿的影响并未呈现异质性，而本地是否有房、

职业、性别和年龄则表现出了异质性。首先，本地有房仅在东部地区会显著影响外流劳动力的回流意愿，中、西部地区的影响程度则不明显。从结果来看，在东部地区有房的农村劳动力会提高回流意愿68.5%，产生这一结果的原因可能是东部地区城乡之间收入差距、就业差距、生活差距较小，劳动力由城市向乡村进行转移时，其迁移成本相比于中、西部地区要小。此外，在本地有房的农村劳动力本身具有一定的经济实力，在选择从城市返回乡村时，他们所付出的"经济代价"也相对较小，因而比无房群体具有更强的回流意愿。其次，职业、年龄和性别在东部地区的异质性回流效应均不存在。从表5-5的回流效应来看，职业和年龄在中、西部地区存在影响，意味着职业不稳定、年龄偏大的农村外流劳动力更愿意选择返乡。需要说明的是，在定序回归中对回流意愿没有产生影响的性别因素也表现出了一定的异质性，中部地区的男性农村劳动力更倾向于返乡。

表 5 - 5　　　　　　　　　　不同区域回流意愿的回归结果

变量	西部	中部	东部
age	0. 779 ***	0. 801 **	0. 936
sex	1. 066	0. 818 **	1. 022
marry	1. 236 **	1. 501 ***	1. 500 ***
flowtime	1. 261 **	1. 176 ***	1. 467 ***
edu	0. 863 *	0. 955 **	0. 710 ***
house	0. 884	0. 740	0. 685 **
job	1. 586 ***	1. 424 ***	1. 126
inc	0. 974	1. 020	0. 864
LR	86. 62	54. 63	146. 66
p 值	0. 000	0. 000	0. 000
偏 R^2	0. 016	0. 017	0. 018
N	3061	1873	4931

　　注：按照《中国统计年鉴》上对区域的划分标准，东部地区为北京、天津、上海、河北、山东、江苏、浙江、福建、广东、海南10个省份；中部地区为山西、河南、安徽、江西、湖南、湖北6个省份；西部地区为内蒙古、广西、重庆、四川、贵州、云南、西藏、陕西、甘肃、青海、宁夏和新疆（新疆生产建设兵团）12个省份。受定序回归分析所限，本书没有将东北三省放入区域差异分析模型中。
　　资料来源：根据2016年中国流动人口动态监测调查数据整理。

5.4.3　城市差异

表 5-6 是将人口流入地按城市等级①划分所得的结果。婚姻状况和职业对农村外流劳动力的影响并未表现出异质性，而其余变量都在一定程度上表现出异质性。首先，本地有房和受教育程度仅在三线城市产生影响。这一结果与区域差异的结果是一致的，三线城市中城乡差距要小于一、二线城市，而受教育程度较低的农村外流劳动力在城市的收入也相对较低，因此，劳动力在三线城市由城市迁移至农村所产生的"经济代价"仍然比一、二线城市要小，这也进一步验证了区域差异中对本地有房的合理解释。其次，年龄和收入仅在二线城市产生影响，流动时间在一、三线城市产生影响，性别在各线城市均不产生影响。这也在一定程度上反映了农村外流劳动力回流意愿的综合性和复杂性。

表 5-6　　　　　　　　　　**不同城市回流意愿的回归结果**

变量	一线城市	二线城市	三线城市
age	1.225	0.739 ***	0.899
sex	1.092	0.993	0.931
marry	2.017 ***	1.580 ***	1.250 ***
flowtime	1.444 ***	1.151	1.467 ***
edu	0.803	0.892	0.148 ***
house	0.633	0.796	0.760 *
job	1.609 ***	1.306 ***	1.376 ***
inc	0.769	0.781 **	1.024
LR	47.21	91.41	116.34

---

①　按照《中国统计年鉴》上对区域的划分标准：一线城市为北京、上海、广州、深圳、天津共 5 个城市；二线城市为杭州、南京、成都、武汉、青岛、宁波、厦门、重庆、大连、沈阳、长沙、西安、郑州、济南、太原、长春、昆明、合肥、哈尔滨、福州、海口、南昌、石家庄、呼和浩特、乌鲁木齐、南宁、兰州、贵阳、银川、西宁共 30 个城市；其余城市为三、四线城市。

续表

变量	一线城市	二线城市	三线城市
p 值	0.000	0.000	0.000
偏 R^2	0.043	0.018	0.015
N	1178	2906	4747

资料来源：根据 2016 年中国流动人口动态监测调查数据整理。

5.5 结 论

本书基于 2016 年全国流动人口动态监测数据，对回流意愿等关键变量进行有序分类，运用定序 Logit 回归模型实证检验了本地是否有房、婚姻状况、受教育程度等因素对农村外流劳动力回流意愿的影响决策，然后对比分析了农村外流劳动力与非农户籍外流劳动力回流意愿的差异，然后从不同的区域、不同的城市等级对回流意愿结果的异质性进行分析，最终得出以下结论：

第一，本地有房会增强外流劳动力的回流意愿。在其他变量相同的情况下，本地有房的外流劳动力回流意愿显著高于本地无房的外流劳动力。而非农户籍外流劳动力回流意愿也显著高于农村户籍劳动力，但此现象仅体现在东部地区的三线城市。这表明外流劳动力在选择"回流"还是"不回流"时，首先会考虑自身的经济状况，有能力在本地购房说明其具备一定的经济基础，所以当其有想法返乡时，不会受迁移成本的阻碍而放弃回流。其次会考虑回流地的发展状况，东部地区的三线城市，城乡发展差距小，城乡收入差距小，城乡生活差距小，并不会造成回流意味着脱离城市的结果。

第二，未婚、受教育程度低、流动时间短、年龄大和职业不稳定的群体更倾向于回流。婚姻状况在针对不同群体分析中未呈现异质性，表明外流劳动力处于单身状态时，回流意愿会大幅度提升，这与现有研究学者的结论相符（彭璐等，2017）。受教育程度在城市差异分析中呈现异质性，在一、二线城市中，受教育程度较低并不会影响外流劳动力回流意愿，这可能是因为一、二线城市的平均工资水平偏高，受教育程度较低的外流劳动力可以获取满意的收入，从而不会产生回流想法；流动时间在户籍和城市中都显现出异质性，说明在二线城市中，非农户籍外流劳动力的回流意愿并不会随着流动时间的增长而变化；年龄在区域和城市中呈现出一定异质性，在东部的一、三线城市中，年龄增长并不会影响外流劳动力的回流意愿；此外，不稳定的职业状态也不会对东部地区农村外流劳动力的回流意愿产生影响。造成这种结果的原因可能是，东部地区人才竞争压力大，职业变换频繁，人们已经适应了不稳定的工作状态，从而不会产生回流想法。

第三，性别差异并不是影响外流劳动力回流的直接因素。从定序回归分析中可以看出，性别差异不会影响农村外流劳动力的回流意愿，但其在户籍和区域中出现异质性，表明在中部地区，非农户籍外流劳动力中的男性比女性更愿意回流。除此之外，尽管收入在定序回归中没有表现出显著性，但在异质性分析中却表现出一定的显著性，这可能是因为本地有房和稳定的职业已从另一方面体现出外流劳动力的经济实力。

第 6 章

房价对农村外流劳动力的推拉效应研究

6.1 研 究 背 景

　　房价的快速上涨是一种严重的社会问题，也逐渐成为地方各级政府所重点关注的民生议题。中共十九大报告中提出"要加快建立多主体供给、多渠道保障、租购并举的住房制度，让全体人民住有所居"。事实上，由于各地调控房价的长效机制不健全，各线城市房价快速上涨，然而，居民收入增速远不及房价增速，导致房价收入比持续上升，严重制约了当地居民的消费能力，究竟是选择继续留在本地，还是选择近期打算返乡，已成为摆在百姓面前的一道难题。

　　高房价是否会影响流动人口的迁移意愿？现有文献多从"人口流动如何推动房价波动"进行分析，而对这一领域的定量研究则几乎没有。其主要原因有三个：一是高房价如何定义？参考许多研究的做法，通常是以房价收入比来权衡，因此，在定量分析中不可避免地需要调查收集流动人口的收入数据。二是房价的内生性问题如何识别？

居民对城市的选择并不是严格按照随机性来实行的，城市中一些不可观测因素有可能会影响居民迁移的行为决策，需要选择能够解决内生性问题的计量方法进行估计，以保证结果的可靠性。三是高房价影响的异质性如何体现？居民迁移的决策行为是在很多因素共同作用下所产生的，而不是靠某一种因素单独所产生的结果，在定量分析中应当充分考虑不同个体因素所带来的异质性作用。

青年流动群体是住房刚需的主要对象，相比其他年龄段的流动人口，其迁移行为决策应该更易受到高房价的影响。考虑到核心变量的可获性及现实意义，本书以 2017 年中国流动人口动态监测调查数据为样本，运用双重差分模型（DID）对青年住房刚需群体的房价"驱逐效应"进行了实证检验。对于方法中的识别假设，本书也进行了一系列检验，包括安慰剂检验（placebo test）、不同年龄群体的影响对比分析及基于个体差异的拓展性分析。本书的研究对现有房价的影响是一种学术延伸，也是 DID 模型及其假设识别应用于截面数据上的一种创新，同时还为解决房价内生性问题等难点提供了新的思路。

6.2　数据来源、变量描述与模型构建

6.2.1　数据来源

本书所使用的数据主要是流动人口数据和房价数据。

流动人口数据来源于 2017 年中国流动人口动态监测数据（CMDS）。CMDS 是由国家卫健委收集和发布的大规模调查性数据，该数据集是自 2009 年起每年在流动人口较为集中的流入地进行的大规模抽样调查数据，对象包括全国 31 个省（区、市）和新疆生产建设兵团的流动人口，年均样本量为 20 万户，内容涵盖了流动人口的基本情况和家庭信息、流动的原因、收入与开支情况、就业与社会保障、子女与老人健康教育等方面的信息。由于本书需要将流动人口与房价进行匹配，因此，为保证结果的合理性，将新疆生产建设兵团从原始数据库中剔除，经筛选后，总样本为来自全国 289 个城市的 169109 个流动人口。

房价数据主要来源于"安居客"网站,本书选取 2017 年 12 月公布的数据作为全年的房价,对于网站中部分城市房价数据缺失的问题,本书通过查找城市统计年鉴以及结合趋势法进行推测来解决,最终按流动人口所在的城市进行匹配,得到本书的核心解释变量房价收入比。

6.2.2 变量描述

6.2.2.1 被解释变量

(1)今后打算继续留在本地。该指标来源于 2017 年 CMDS 中"今后一段时间,您是否打算继续留在本地?"的选项。

(2)近期打算返乡。该指标来源于 2017 年 CMDS 中"您打算什么时候返乡?"的选项。

6.2.2.2 核心解释变量

本书所选核心解释变量主要为房价收入比和年龄,其中房价收入比是由房价(元/平方米)与家庭平均每月总收入(元/月)的比值所得,而年龄是由 2017 年与其出生年份的差值所得。

6.2.2.3 个人控制变量

本书所选的个人控制变量主要有性别、受教育程度和结婚状况。

各变量的描述性统计如表 6 – 1 所示。

表 6 – 1   变量说明及描述性统计

变量类别	变量名称	变量定义或说明	均值	标准差	样本量(个)
被解释变量	今后打算继续留在本地	是 = 1;没想好 = 2;否 = 3	1.323	0.719	169109
	近期打算返乡	1 年内 = 1;1～2 年 = 2;3～5 年 = 3;6～10 年 = 4;10 年以后 = 5;没想好 = 6	3.107	2.103	2750

续表

变量类别	变量名称	变量定义或说明	均值	标准差	样本量（个）
核心解释变量	房价收入比	房价/家庭平均每月总收入	2.692	6.492	165771
	年龄	截至 2017 年的年龄	36.637	11.056	169109
个人控制变量	性别	男 =1；女 =2	1.483	0.500	169109
	受教育程度	未上过学 =1；小学 =2；初中 =3；高中/中专 =4；大学专科 =5；大学本科 =6；研究生 =7	3.446	1.163	169109
	婚姻状况	未婚 =1；初婚 =2；再婚 =3；离婚 =4；丧偶 =5；同居 =6	1.968	0.681	169109

资料来源：根据 2017 年中国流动人口动态监测调查数据整理。

6.2.3　模型构建

流动人口的迁移决策是一个很复杂的过程，在探讨高房价对流动人口的"驱逐效应"时，一个不可避免的问题是，不同房价的城市所具有的城市特征也会随之不同。一方面，一些不可观测的城市特征可能与房价具有相关性；另一方面，城市中一些不可观测因素会随着时间的变化而发生改变，因此，运用传统 OLS 的方法进行估计，可能会导致个人迁移决策产生内生性的问题。按照安格瑞斯特和皮施切克（Angrist & Pischke，2008）在公共政策研究中处理内生性的方法，本书构建双重差分模型（DID）来估计高房价对流动人口的"驱逐效应"如下：

$$y_{iac} = \beta_0 + \beta Treat_{ac} + \gamma_c + \delta_a + X'_{iac}\alpha + \varepsilon_{iac} \qquad (6-1)$$

DID 中解决内生性问题的关键变量为交互项 $Treat_{ac}$，本书对 $Treat_{ac}$ 的定义如下：$Treat_{ac} = houseprice_c \times age_a$。其中，$houseprice_c$ 表示城市之间房价收入比的第一重差异，age_a 表示不同年龄段所受影响的第二重差异，$houseprice_c$ 是房价收入比的一个虚拟变量，$houseprice_c = 1$ 代表房价收入比较高的流动人口，$houseprice_c = 0$ 代表房价收入比较低的流动人口；age_a 是在原有年龄数据基础上的一个虚拟变量，$age_a = 1$ 代表 20～29 岁年龄段的流动人口，$age_a = 0$ 代表其他年龄段的流动人口。需要说明的是，本书在选取房价收入比高、低的一个判断标准是房价收入比均值，根据表 6-1 中描述性分析可知，房价收入比均值为 2.692。对于年龄段的选择，本书参考了阿特金（Atkin，2016）与霍因斯等（Hoynes et al.，2016）的做法，同时，还发现 20~45 岁居民的实际住房面积会随着年龄的增长而增加，而 2016 年我国流动人口的平均年龄已增至 29.8 岁。因此，本书将研究对象按年龄划分为五组：20 岁以下、20~29 岁、30~39 岁、40~49 岁和 50 岁及以上，并以年龄在 20~29 岁的流动人口表示青年流动群体。

式（6-1）中其余变量的含义如下：y_{iac} 表示的是年龄段为 a 的个体 i 在城市 c 的迁移决策，本书中主要所指"今后打算继续留在本地""近期打算返乡"。γ_c 和 δ_a 分别表示城市固定效应和年龄固定效应。城市固定效应控制了不同城市中那些不随年龄变化的因素对迁移决策影响，如基础设置建设、教育支出等；年龄固定效应则控制了同一城市中不同年龄段的不可观测因素对迁移决策的影响，如心态、对未来的预期等。X'_{iac} 表示其余个人控制变量，本书主要选用流动人口的性别、受教育程度和婚姻状况。ε_{iac} 是误差项，用以表示模型中的不可观测因素以及抽样误差。

6.3 驱逐效应的实证分析

6.3.1 相关分析

本书所选取的核心解释变量为房价收入比和年龄，其余解释变量为流动人口的性别、受教育程度和婚姻状况，为避免回归过程中出现多重共线性的问题，需要对所选的解释变量进行相关性检验。表 6-2 中显示了各解释变量之间的相关性，从结果来看，各变量之间的相关系数均为超过多重共线性的门槛值 0.7。因此，本书认为，将各解释变量放入回归模型不会产生多重共线性这一问题。

表 6-2 各解释变量的相关分析

变量	房价收入比	年龄	性别	受教育程度	婚姻状况
房价收入比	1.000				
年龄	-0.027	1.000			
性别	0.042	-0.009	1.000		

续表

变量	房价收入比	年龄	性别	受教育程度	婚姻状况
受教育程度	− 0.034	0.282	0.055	1.000	
婚姻状况	0.026	0.054	0.062	0.129	1.000

资料来源：根据 2017 年中国流动人口动态监测调查数据整理。

6.3.2 高房价对流动人口留城和返乡意愿的影响

6.3.2.1 基准回归结果

表 6 – 3 是高房价影响下的 DID 回归结果。回归结果由"今后打算继续留在本地""近期打算返乡"两组模型构成。首先，模型（1）和模型（4）为控制了城市固定效应后的结果；其次，在此基础上，模型（2）和模型（5）为加入性别、受教育程度和婚姻状况等个人控制变量后的结果；最后，在此基础上，模型（3）和模型（6）为控制了年龄固定效应后的结果。根据 DID 回归分析的特点，本书主要观测的变量为 $Treat_{ac}$[①]，从结果来看，"今后打算继续留在本地"模型中，各列结果在 1% 的显著性水平下显示为正，且系数相似，房价收入比每提高 10%，打算留在本地的预期会上升 0.34% 个标准误，表明流动人口所在城市房价过高时，今后打算继续留在本地的意愿会由"是"逐渐转变为"否"。"近期打算返乡"模型中，各列结果在 10% 的显著性水平下显示为负，且系数相似，房价收入比每提高 10%，打算返乡的预期会下降 3.29% 个标准误，表明流动人口所在城市房价过高时，打算返乡的时间会由"10 年以后"逐渐转变为"1 ~ 2 年"。由此可见，高房价对年龄段在 20 ~ 30 岁的流动人口存在"驱逐效应"。

表 6 – 3   DID 的回归结果

变量	今后打算继续留在本地			近期打算返乡		
	模型（1）	模型（2）	模型（3）	模型（4）	模型（5）	模型（6）
$Treat_{ac}$	0.035 *** (0.000)	0.034 *** (0.000)	0.034 *** (0.000)	− 0.367 * (0.058)	− 0.352 * (0.068)	− 0.329 * (0.098)
城市固定效应	Y	Y	Y	Y	Y	Y

---

① 本书中对 $Treat_{ac}$ 的定义如下：$Treat_{ac} = houseprice_c \times age_a$。

续表

变量	今后打算继续留在本地			近期打算返乡		
	模型（1）	模型（2）	模型（3）	模型（4）	模型（5）	模型（6）
个人控制变量	N	Y	Y	N	Y	Y
年龄固定效应	N	N	Y	N	N	Y
样本量	169109	169109	169109	2750	2750	2750
R^2	0.041	0.046	0.050	0.166	0.176	0.211

注：$Treat_{ac} = houseprice_c \times age_a$，个人控制变量包括性别、受教育程度、婚姻状况。括号中的数值是处理项的 p 值。* 、** 、*** 分别表示在 10%、5% 和 1% 的水平下显著。

资料来源：根据 2017 年中国流动人口动态监测调查数据整理。

近年来，国内关于高房价对居民的影响研究已有许多，例如，高房价抑制居民消费（颜色和朱国钟，2013）、高房价对居民幸福感具有负向效应（安虎森和叶金珍，2018）、房价上涨会降低二孩生育率（宋德勇等，2017）、房价上涨会影响人口流动迁移（楚尔鸣和何鑫，2016）。而本书的研究结果表明，高房价对 20~30 岁的流动人口具有"驱逐效应"，对于高房价的影响效应来说，这既是一种创新又是一种学术延伸。

6.3.2.2 稳健性检验

为保证结果的可靠性和有效性，本书还尝试运用不同的方法对结果进行稳健性检验。由于所使用的是 2017 年流动人口的截面数据，此处无法进行平行趋势检验，不过在运用 DID 的方法评估之前，可以将实验组和对照组的留城或返乡意愿进行平衡性检验。此外，稳健性检验的目的是排除不可观测变量对结果的影响，因此，在这一部分，还可选用能够排除不可观测变量影响的安慰剂检验，以及对不同年龄群体的 DID 回归分析结果进行对比分析。

（1）平衡性检验。在基准回归之前，本书将流动人口回答被解释变量的频率按实验组和对照组进行划分，结果如图 6-1、图 6-2 所示。由图 6-1 可知，由图 6-2 可知，在回答"今后打算继续留在本地"的问题上，实验组和对照组选"是"的频率均在 80% 左右，选"没想好"的频率在 15% 左右，选"否"的频率均不到 5%。由图 6-2 可知，在回答"近期打算返乡"的问题上，尽管实验组和对照组在部分选项的频率上有所差别，但是从总体上来看，回答"1

年内""1～2年内""没想好"的人数均是最多的。由此可见，在运用 DID 的
方法进行评估之前，实验组与对照组满足平衡性检验，具有趋同性。

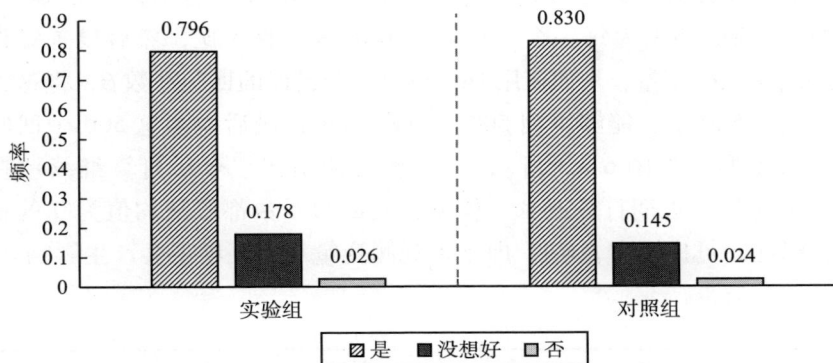

图 6－1 "今后打算继续留在本地"的平衡性检验

资料来源：根据 2017 年中国流动人口动态监测调查数据整理。

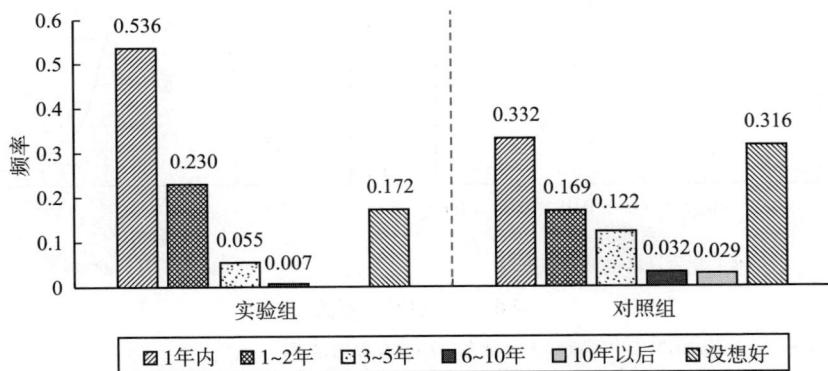

图 6－2 "近期打算返乡"的平衡性检验

资料来源：根据 2017 年中国流动人口动态监测调查数据整理。

（2）不可观测变量的安慰剂检验。DID 的一个局限是，假设某城市特征
对同一城市的不同个体产生相同的影响。尽管在基准回归分析过程中，加入
了城市固定效应以控制其产生的影响，但是仍无法排除这些特征会随着流动
人口年龄的变化而产生异质性的作用。在不可观测变量对结果存在影响的假
设下，式（6－1）为交互项的回归系数。若不可观测变量对结果存在影响，

则 $\hat{\beta} \neq \beta$；反之，则 $\hat{\beta}$ 是 β 的无偏估计量。然而，不可观测变量对结果的影响无法直接进行检验，本书采用一种间接的方法进行严重。其核心思想是，若构建一个错误的 $houseprice_c \times age_a$ 进行估计，从理论上来看不会对结果产生任何影响。为此，本书为每一个个体随机匹配房价收入比，然后设置错误的 $houseprice_c \times age_a$ 变量，从而运用 DID 得出一个错误的回归系数 $\hat{\beta}$，将这个过程循环进行 500 次，能够得到 500 个回归结果，最后观测这 500 个回归系数的分布图形（如图 6 - 3 所示），发现无论是在"今后打算继续留在本地"模型还是"近期打算返乡"模型，其回归系数都服从均值为 0 的正态分布，因此，可推测出 $\hat{\beta} = 0$，即不可观测变量对交互项不会产生影响。

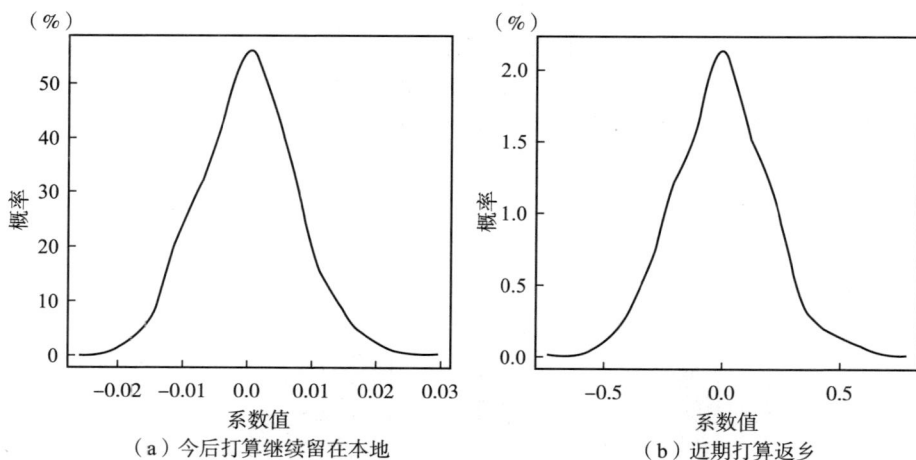

图 6 - 3　安慰剂检验

资料来源：根据 2017 年中国流动人口动态监测调查数据整理。

（3）不同年龄群体。在基准回归模型中，根据城市房价收入比与年龄差异构建了交互项，本书假设高房价的"驱逐效应"主要是针对 20 ~ 30 岁的流动群体。这是因为考虑到青年流动人口是购买住房的主要对象，且这一年龄段的群体拥有较强的流动意愿（何洁等，2014）。为了验证基准回归分析中的假设，本书分别对 20 岁以下、20 ~ 29 岁、31 ~ 39 岁、41 ~ 49 岁及以上的群体设置 $houseprice_c \times age_a$ 变量，然后运用 DID 的分析方法重新对交互项进行估计，所得结果如表 6 - 4 所示。

表 6 – 4　　　　　　　　高房价对不同年龄段群体的影响

变量		20 岁以下	20 ~ 29 岁	30 ~ 39 岁	40 ~ 49 岁	50 岁及以上
		模型（1）	模型（2）	模型（3）	模型（4）	模型（5）
今后打算继续留在本地	$Treat_{ac}$	0.001 (0.968)	0.034 *** (0.000)	− 0.000 (0.957)	− 0.019 *** (0.001)	− 0.030 *** (0.000)
	样本量（个）	169109	169109	169109	169109	169109
	R^2	0.050	0.050	0.050	0.050	0.050
近期打算返乡	$Treat_{ac}$	− 0.251 (0.637)	− 0.329 * (0.098)	− 0.055 (0.793)	0.027 (0.891)	0.278 (0.172)
	样本量（个）	2750	2750	2750	2750	2750
	R^2	0.210	0.211	0.210	0.210	0.210
城市固定效应		Y	Y	Y	Y	Y
个人控制变量		Y	Y	Y	Y	Y
年龄固定效应		Y	Y	Y	Y	Y

注：括号中的数值是处理项的 p 值。 * 、 ** 和 *** 分别表示在 10% 、5% 和 1% 的统计水平下显著。

资料来源：根据 2017 年中国流动人口动态监测调查数据整理。

由表 6 – 4 结果可知，在"今后打算继续留在本地"的 5 个模型中，模型（2）的交互项系数在 1% 的显著性水平下影响最大，表明 20 ~ 29 岁的流动人口最易于受高房价的影响。此外，40 ~ 49 岁、50 岁及以上的交互项系数显著为负，这一结果表明，城市房价越高，40 岁以上的流动人口越倾向于长期居留。本书认为，得出这种结论的原因可能有两个：一是 40 岁以上的流动人口对住房的需求是投资性而非刚性；二是父母希望子女"人往高处走"，而经济社会发展较好的城市往往房价也较高。在"近期打算返乡"的 5 个模型中，模型（2）的交互项系数在 10% 的显著性水平下影响最大，而其余模型均不显著，仍然表明 20 ~ 29 岁这一特定年龄群体在面对城市房价高居不下时，最易于心灰意冷产生尽快返乡的念头。

6.4　拓展性研究

上述分析的结果表明，总体上看，高房价对青年流动人口存在"驱逐效应"，然而，流动人口本来就在个体因素、社会因素和经济因素方面存在较大差异（何鑫等，2019）。为此，本书还对高房价的"驱逐效应"进行了一系列拓展性研究，具体包括对职业和教育的三重差分的异质性回归分析、房价对流动人口户口迁移等因素的影响，以拓展结论的适用性。

6.4.1　异质性影响

按是否具有稳定职业、是否接受过高等教育生成哑变量（$dummy$），再与基准回归模型中的交互项（$Treat_{ac}$）生成二级交互项（$Treat_{ac} \times dummy$），可得到三重差分的异质性回归结果，如表 6 - 5 所示。按照 CMDS 的原始问卷选项，稳定职业包括：①国家机关、党群组织、企事业单位负责人；②专业技术人员；③公务员、办事人员和有关人员；④经商。接受过高等教育包括：①高中/中专；②大学专科；③大学本科；④研究生。

模型（1）和模型（2）是按照是否具有稳定职业分组估计的结果，$dummy$ 是具有稳定职业的群体，结果表明，在"今后打算继续留在本地""近期打算返乡"的模型中，$Treat_{ac} \times dummy$ 均不显著。表明职业较为稳定的流动人口群体对自己未来的预期较高，暂时不会受房价的影响而产生离开本地的想法及产生返乡的意愿。

模型（3）和模型（4）是按照是否接受过高等教育分组估计的结果，$dummy$ 是接受过高等教育的群体，结果表明，$Treat_{ac} \times dummy$ 均在 5% 的显著性水平下显著，不过"今后打算继续留在本地"的系数为正，而"近期打算返乡"的系数为负，房价收入比每提高 10%，接受过高等教育的青年流动人口离开本地的标准误提高 0.19%，打算返乡的标准误降低 5.37%。这说明高房价的"驱逐效应"对接受过高等教育的流动人口更为明显，这可能是因为，随着受教育程度的提高，增加的工资仍然赶不上上涨的房价，面对高房价，流动人口渊博的知识和较高的学历显得无能为力，在一定程度上加快了其离开本地、尽早返乡的意愿。

表 6 - 5   三重差分的异质性回归结果

变量	是否具有稳定职业		是否接受过高等教育	
	今后打算继续留在本地	近期打算返乡	今后打算继续留在本地	近期打算返乡
	模型（1）	模型（2）	模型（3）	模型（4）
$Treat_{ac} \times dummy$	0.014 (0.114)	0.423 (0.196)	0.019 ** (0.013)	- 0.537 ** (0.027)
$Treat_{ac}$	0.066 *** (0.000)	- 0.605 *** (0.005)	0.063 *** (0.000)	- 0.141 (0.538)
样本量	139196	2207	169109	2750
R^2	0.049	0.227	0.052	0.209
城市固定效应	Y	Y	Y	Y
个人控制变量	Y	Y	Y	Y
年龄固定效应	Y	Y	Y	Y

注：括号中的数值是处理项的 p 值。*、** 和 *** 分别表示在 10%、5%、1% 的统计水平下显著。模型（3）和模型（4）中的个人控制变量中删除了受教育程度。
资料来源：根据 2017 年中国流动人口动态监测调查数据整理。

6.4.2 对长留本地和近期返乡的深度分析

本书的结果表明，无论从今后打算继续留在本地来看，还是从近期打算返乡来看，高房价对青年流动人口都存在显著影响。为进一步验证高房价对流动人口的"驱逐效应"，本书结合 CMDS 数据中的相关问题，分别以"是否愿意把户口迁入本地""预计自己将在本地留多久"作为长留本地模型中的被解释变量，以"返乡还是去其他地方""打算回到家乡的什么地方"作为近期返乡模型中的被解释变量，再利用基准回归分析 DID 的方法对 $Treat_{ac}$ 进行估计，所得结果如表 6 - 6、表 6 - 7 所示。

表 6 - 6 中的结果表明，高房价会降低流动人口在本地落户的意愿，但不会降低流动人口在本地居住的时间。模型（1）~模型（3）显示，$Treat_{ac}$ 的回归系数在 1% 的显著性水平下显著为正，房价收入比每提高 10%，不打算将户口迁入本地的意愿会上升 0.37% 个标准误，而模型（4）~模型（6）显示，

$Treat_{ac}$ 的回归系数不显著。结果表明，尽管高房价会显著降低青年流动人口长留本地的意愿，但是进一步的研究表明，这种影响只会降低其迁移户口的可能性，而不会对在本地居留的时间产生多大的影响。

表 6 - 6　　　　　　　　高房价对长留本地的深度分析

变量	是否愿意把户口迁入本地			预计自己将在本地留多久		
	模型（1）	模型（2）	模型（3）	模型（4）	模型（5）	模型（6）
$Treat_{ac}$	0.036 *** (0.000)	0.040 *** (0.000)	0.037 *** (0.000)	-0.008 (0.698)	-0.008 (0.686)	-0.007 (0.722)
样本量	124233	124233	124233	105275	105275	105275
R^2	0.140	0.156	0.157	0.142	0.142	0.143
城市固定效应	Y	Y	Y	Y	Y	Y
个人控制变量	N	Y	Y	N	Y	Y
年龄固定效应	N	N	Y	N	N	Y

注：括号中的数值是处理项的 p 值。*、** 和 *** 分别表示在 10%、5% 和 1% 统计水平上显著。模型（3）和模型（4）中的个人控制变量中删除了受教育程度。上述模型均删除"没想好"的选项，其中，"是否愿意把户口迁入本地"模型中，1 = 愿意，2 = 不愿意；在"预计自己将在本地留多久"模型中，1 = 1 ~ 2 年，2 = 3 ~ 5 年，3 = 6 ~ 10 年，4 = 10 年以上，5 = 定居。

资料来源：根据 2017 年中国流动人口动态监测调查数据整理。

表 6 - 7 是高房价对流动人口近期返乡的深度分析，模型（1）~ 模型（6）的结果显示，$Treat_{ac}$ 的回归系数在任何显著性水平下均不显著。其中可能的原因是，尽管高房价迫使青年流动人口返乡，但究竟是返乡回家还是流向别处？回到家乡的何处？返乡人群并没有因房价过高而做好详细的规划，近期返乡仍是一件悬而未决、有待商榷的事。

表 6 - 7　　　　　　　　高房价对近期返乡的深度分析

变量	返乡还是去其他地方			打算回到家乡的什么地方		
	模型（1）	模型（2）	模型（3）	模型（4）	模型（5）	模型（6）
$Treat_{ac}$	-0.001 (0.986)	0.003 (0.939)	0.003 (0.937)	-0.011 (0.894)	-0.010 (0.898)	-0.017 (0.831)
样本量	3473	3473	3473	2514	2514	2514

续表

变量	返乡还是去其他地方			打算回到家乡的什么地方		
	模型（1）	模型（2）	模型（3）	模型（4）	模型（5）	模型（6）
R^2	0.118	0.119	0.137	0.134	0.135	0.152
城市固定效应	Y	Y	Y	Y	Y	Y
个人控制变量	N	Y	Y	N	Y	Y
年龄固定效应	N	N	Y	N	N	Y

注：括号中的数值是处理项的 p 值。＊、＊＊ 和 ＊＊＊ 分别表示在 10％、5％ 和 1％ 统计水平上显著。模型（3）和模型（4）中的个人控制变量中删除了受教育程度。上述模型均删除"没想好"的选项，其中，"返乡还是去其他地方"模型中，1 = 返乡，2 = 其他地方；在"打算回到家乡的什么地方"模型中，1 = 农村，2 = 乡镇政府所在地，3 = 县政府所在地。

资料来源：根据 2017 年中国流动人口动态监测调查数据整理。

6.5 结 论

在我国，购买住房已成为人们的一种惯性消费，房价的高低会直接影响居民的迁移决策。本书基于 2017 年中国流动人口动态监测调查数据，对房价收入比进行了匹配，运用 DID 的分析方法，实证检验了高房价对流动人口的"驱逐效应"，对其不可观测变量进行了安慰剂检验，并按不同年龄阶段进行了对比分析。此外，为保证结果的适用性，又将青年流动人口按职业和受教育程度进行了异质性分析，最后从长留本地和近期返乡两个方面进行了深度分析，所得结论如下：

（1）高房价对年龄段在青年流动人口存在"驱逐效应"。相比其他年龄段的流动人口，房价收入比过高时，青年流动人口会降低今后打算继续留在本地的意愿，缩短近期打算返乡的时间。此外，城市中一些不可观测的特征并不会对这种结论产生显著影响。

（2）职业较稳定的流动人口更具有长留意愿。将年龄段在青年流动人口按职业的稳定性进行划分，具有稳定职业的流动人口面对高房价时，由于对自己未来的预期较高，其离开本地的意愿没有得到显著提升，他们并不会因房价过高而选择返乡，也不会迁移到房价收入比更为合适的其他地方。

（3）受教育程度越高的流动人口更具有回流意愿。将年龄段在青年流动人口按受教育程度的高低进行划分，当接受过高等教育的流动人口感觉房价过高时，其离开本地的意愿也会得到显著提升，不过与职业不同的是，接受过高等教育的流动人口在本地感觉购房困难时，更多会选择回流而不是迁至别处。

（4）高房价是流动人口户籍化过程中的重要因素。对流动人口长留本地的意愿做进一步分析，发现高房价会显著降低流动人口迁移落户的意愿，但并不会对今后打算在本地待多久产生影响，房价的高低决定了当地人口城镇化率是否能够提升。

（5）高房价不是流动人口返乡的决定性因素。对流动人口返乡意愿做进一步分析，发现高房价不仅不会对流动人口返乡还是流向别处产生影响，而且对打算返回家乡的具体地点也不会产生影响，流动人口的返乡去向并不是由房价过高所决定的。

第 7 章

湖南省农村外流劳动力的调查研究

7.1 农业转移人口市民化的财政
转移支付机制研究

7.1.1 研究背景

近年来，为充分调动地方政府推动农业转移人口市民化的积极性，《推动 1 亿非户籍人口在城市落户方案》中提出，应尽快建立健全财政转移支付同农业转移人口市民化挂钩机制，特别是在现有财政总体规模不变下，根据人口规模、区域差异实现动态调整。据统计，2015 年全国农业转移人口数量已达 2.77 亿人，占城镇人口的 37%。增加农业转移人口数量尽管能缓解城市"用工荒"的问题，但也会增加地方政府的财政成本和压力，有观点认为，现有财政转移支付机制不能充分调动地方政府市民化的积极性，反而会增加政府的隐性地方债务风险。

研究学者基于不同的研究视角对市民化成本

进行了测算，各地区因自然资源、城市区位等因素存在差异，所得结论也不一致。一部分学者认为，市民化的人均成本约为 5 万～23.2 万元，即便是对市民化的收益进行扣除，其人均成本也仍然控制在 0.4 万～1.1 万元之间。针对这一问题，国内学者从财权与事权匹配、设置专项资金、转移支付依据和公共服务价值等四个方面提出优化建议。例如，冯俏彬（2013）认为应通过设置转移支付系数，按财力和事权的匹配程度对财政转移支付进行调剂；辜胜阻（2014）等指出中央应设立农业转移人口市民化的专项资金以缓解地方政府公共服务的支出责任；石智雷和朱明宝（2015）建议将财政转移支付的依据转变为常住人口，以提升地方政府市民化的积极性；杨得前和蔡芳宏（2015）认为中央应构建基于公共服务标准的财政转移支付制度。

尽管现有文献对财政转移支付制度提出了许多建设性的意见，但是并没有就如何改善财政转移支付制度、平衡区域间公共财政压力等一系列问题给出具体的实施方案。为实现人均公共服务均等化的目的，本书以湖南省这一农业人口流出大省为研究对象，在财政转移支付规模总体不变的前提下，尝试建立与农业人口市民化挂钩的财政转移支付机制，以期调动地方政府市民化的积极性。

7.1.2 研究区概况与数据描述

湖南省地处长江中游地带，湘江贯穿全境，又因全境位于洞庭湖以南，故称湖南。全省土地面积 21.18 万平方千米，下辖 13 个市 1 个自治州，包括长沙市、株洲市、湘潭市、岳阳市、常德市、益阳市、衡阳市、邵阳市、娄底市、郴州市、永州市、怀化市、张家界市和湘西自治州。据《湖南省 2017 年国民经济和社会发展统计公报》数据显示，2017 年，湖南省共有常住人口 6860.2 万人，城镇化率 54.62%，其中农民工数量为 1776.4 万人，历来就是农村外流人口大省。在人口红利逐渐消失的背景下，调动地方政府市民化的积极性，多措并举增加城市对人口的吸力，鼓励农村外出务工人员返乡就业、创业，对今后湖南省经济社会发展具有重要意义。

本书还从 2015 年、2016 年的《湖南统计年鉴》中查阅并收集了相关数据，从收入与支出平衡因素来看，长沙市的地区生产总值、财政收入和财政支出分别以 8510.13 亿元、718.95 亿元和 925 亿元高居全省第一，而张家界市分别以 447.7 亿元、31.58 亿元和 133.98 亿元位列最末，大多数城市的地区生产总值在 1000 亿～3000 亿元、财政收入在 50 亿～200 亿元、财政支出在 200 亿～400 亿元之间，除长沙市外，湖南省其余城市财政差距不大。从人口因素来看，2015 年湖南省 14 个地市州中除长沙市为人口净流入城市外，其余城市均为人口净流出城市。邵阳市和永州市为人口流出大市，流出人口数年均可达 100 万人左右；湘潭市、张家界市和湘西州人口数量较少，户籍人口与常住人口数均在 300 万人以下。[①]

7.1.3 公共服务外溢与劳动财富外溢

在我国，地方财力的计算通常以财政供养人口为标准，而不是按国际上现行标准常住人口规模计算，因此，现有财力分配机制必然会导致城市中出现公共服务外溢和劳动财富外溢两种现象。具体而言，一部分城市自身经济发展较快，能够为劳动力提供更多、更好的就业机会，对外来人口具有较强的吸附力，逐渐成为外来劳动力和暂住人口的集聚地，然而，由于中央对地方政府财政专项转移具有明显的时滞性，此类城市在接纳外来人口落户，实际上就是将有限的财政收入用于本地户籍人口和外来流动人口，也就意味着公共服务外溢。同时，由于外流劳动力是城市创造财富的重要主体部分，外来劳动力在为劳动力净流入城市创造财富的同时却将其负担人口绝大多数留在户籍所在地，这种现象对人口流出地而言就是劳动财富外溢。

本书认为，与农业转移人口市民化挂钩的财政转移支付制度应满足三个条件。第一，在财政支付规模不会发生大规模改变的前提下，该制度能激励地方政府推进市民化进程。第二，设置常住人口调整系数，避免因支付标准的改变而引发区域财政争议。第三，剔除公共服务外溢以及劳动财富外溢等非真实性因素的影响。

7.1.4 关键变量的描述性解释

（1）人口指标。常住人口通常指在该区域居住半年及以上的本地常住人

---

① 2015～2016 年《湖南统计年鉴》。

口与暂时外出的流动人口之和。相比户籍人口，常住人口更能准确反映出一个城市的人口分布现状，是本书财政转移支付挂钩机制测算中最主要的变量。

（2）经济指标。人均生产总值是由某一地区在一段时期内生产的最终产品和服务价值总和与该地区人口数量之比所得，通常用于衡量区域人民生活水平的高低，自 2007 年起，人均生产总值取消按户籍人口计算而改为按常住人口计算。

（3）财政指标。财政收支是现今城市经济社会发展的重要手段，是国家、地方政府在社会产品分配中所筹集并使用的财政资金，人均财政收入和人均财政支出是反映地方政府所提供社会福利的重要指标。

7.1.5 常住人口"标准人"系数公式

由于财政转移支付主要考察地区收入因素和支出因素，本书在借鉴德国财政横向均衡制度的基础上，充分考虑了我国的现实情况，在常住人口"标准人"系数公式中选取较有代表性的地区生产总值、财政收入和财政支出作为重要的组成部分（朱秋霞，2005；孙红玲，2007）。此外，财政均衡分配还应按照各地市州的人均指标实施。最终得到湖南省 14 个地市州的常住人口"标准人"系数 Q。

在公式测算过程中，首先，计算湖南省内 i 市（州）的人均生产总值、人均财政收入和人均财政支出[①]的真实度系数 Mm_i/M、Nn_i/N 和 Ll_i/L；其次，设置三者在常住人口"标准人"系数中所占比例 S_1、S_2 和 S_3；最后，对 i 市（州）的常住人口"标准人"进行微调。用公式表示即为：

$$Q_i = \frac{Mm_i}{M} \times S_1 + \frac{Nn_i}{N} \times S_2 + \frac{Ll_i}{L} \times S_3 \qquad (7-1)$$

需要说明的有三点：第一，真实度系数。Mm_i、Nn_i 和 Ll_i 分别表示 i 市（州）中的人均生产总值、人均财政收入和人均财政支出，M、N、L 分别表示湖南省的人均生产总值、人均财政收入和人均财政支出，因此，Mm_i/M、Nn_i/N 和 Ll_i/L 可分别表示 i 市（州）在均等化区域中的真实度系数。第二，

---

① 本书均以常住人口数来计算人均生产总值、人均财政收入和人均财政支出。

权重系数。权重的最初设置参考了德国财政横向平衡制度的设定方式①，由于本书中所涉及的收入因素包括人均生产总值和人均财政收入，因此，在测算初期，分别将 S_1、S_2 和 S_3 设为 15%、15% 和 70%。此外，为保证结果的稳健性及现实性，本书还将 2015 年湖南省人均地区生产总值、人均财政收入和人均财政支出的比例为新权重进行稳健性检验，测算出新的常住人口"标准人"系数记为 Q^T。第三，"标准人"系数。若 $Q_i = 1$，表明统计常住人口数与真实常住人口数一致，不存在非真实性因素的影响；若 $Q_i > 1$，表明真实常住人口数多于统计常住人口数，i 市（州）存在公共服务外溢现象；若 $Q_i < 1$，表明真实常住人口数少于统计常住人口数，i 市（州）存在劳动财富外溢现象，需要将其常住人口"标准人"系数调整至"1"的水平，以此消除劳动财富外溢现象所造成的影响。

7.1.6 区域标准财力计算公式

通过常住人口"标准人"系数剔除非真实性因素的影响后，可计算出湖南省 14 个地市州的标准财力（FE_{adj}）。其测算原理是，按现有人均可用财力（$FE/\text{std}pop$）乘以统计常住人口数（perpop），得出常住人口标准下的可用财力，再乘以常住人口"标准人"系数用以剔除公共服务外溢和劳动财富外溢等非真实性因素的影响。所得区域标准财力如式（7-2）所示。

$$FE_{adj} = \frac{FE}{\text{std}pop} \times \text{per}pop \times Q \qquad (7-2)$$

人口净流入城市易产生"发展的贫困"现象。据 2017 年《湖南统计年鉴》显示，2016 年长沙市常住人口数为 764.52 万人，户籍人口数为 696 万人，净流入人口数为 68.52 万人。按长沙市流动劳动力抚养比 22.6% 来算，被抚养人口数为 15.48 万人，流动劳动力人数约为 53 万人，假设该部分人口完成了市民化，按长沙市现有户籍劳动力抚养比 31% 来算，被抚养人口的数量将增加至 16.43 万人，新户籍人口总数则为 765.43 万人（图 7-1 中②+⑥+⑦），市民化的人数合计为 69.43 万人（图 7-1 中⑥+⑦）。按现有财政转移支付政策，2016 年长沙市人均可用财力将由 1.5 万元下降至 1.36 万元。

---

① 2002 年，德国财政横向平衡制度中，具有收入平衡性质的增值税预平衡资金占 34.4%，具有支出平衡性质的州级财力平衡和联邦补充补助占 65.6%，因而，收入因素与支出因素的比例关系约为 3∶7。

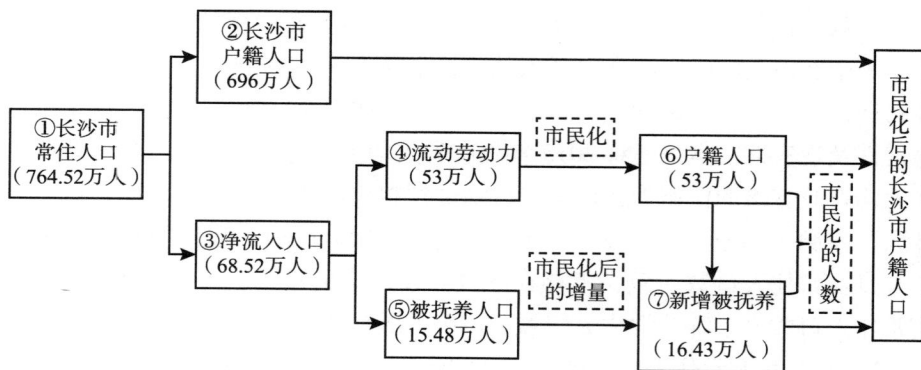

图 7-1 长沙市"发展的贫困"

资料来源：根据《湖南统计年鉴（2017）》相关数据整理。

人口净流出城市易产生"衰退的富裕"现象。据 2017 年《湖南统计年鉴》显示，湖南省张家界市历来就是人口流动频繁、人户分离较为普遍的地区，2001~2016 年，张家界市常住人口数由 156.29 万人下降至 152.91 万人，据部门劳动力调查数据推算，全市外出务工、经商者数量年均可达 30 万人，占户籍人口的 18.4%，每 6 个张家界市户籍人口中就有一个外出务工。2016 年，张家界市按户籍人口数 170.87 万人来算，其人均可用财力为 1885.21 元，然而，其人均可用财力却可能远高于此。其中的原因是张家界市存在 17.96 万的净流出人口，而常住人口中农村户籍人口数为 82.48 万人，实际上，70.43 万人的城镇人口享受了全市所获的财政转移支付，人均可用财力实际为 4573.72 元。具体如图 7-2 所示。

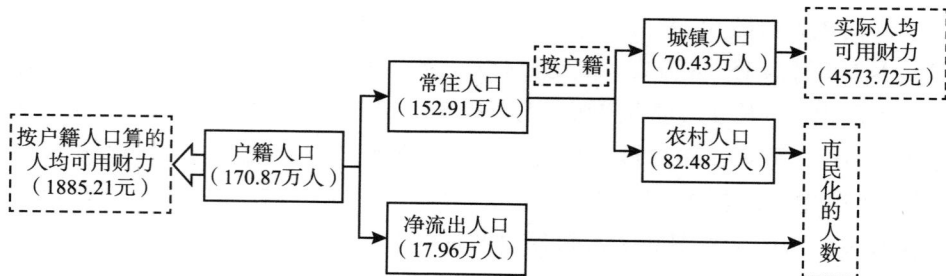

图 7-2 张家界市"衰退的富裕"

资料来源：根据《湖南统计年鉴（2017）》相关数据整理。

7.1.7 财政转移支付挂钩机制的测算

表 7-1 显示，长沙市、株洲市、湘潭市和郴州市的"标准人"系数均超过 1，具有较强的公共服务外溢性，其余城市的"标准人"系数 Q 均小于或近似等于 1，具有较强的劳动财富外溢性。

表 7-1   2015 年湖南省各地市州拟分配与预分配财政支出

地州市	Q 系数	Q 系数调整	按当年常住标准人口拟分配（亿元）	按上年常住标准人口预分配（亿元）	拟分配比实际财力增加额（亿元）	拟分配比预分配财力增减率（%）	拟分配比实际财力增减率（%）
长沙市	1.98	1.98	999.53	990.95	74.53	0.87	8.06
株洲市	1.22	1.22	332.01	331.26	-18.10	0.22	-5.17
湘潭市	1.15	1.15	219.95	220.79	-11.20	-0.38	-4.84
衡阳市	0.86	1.00	497.66	499.17	5.78	-0.30	1.17
邵阳市	0.67	1.00	492.51	493.43	60.38	-0.19	13.97
岳阳市	0.89	1.00	381.79	382.41	5.99	-0.16	1.59
常德市	0.94	1.00	396.35	398.52	-30.17	-0.54	-7.07
张家界市	1.00	1.00	103.42	103.87	-30.56	-0.44	-22.81
益阳市	0.75	1.00	299.12	300.15	24.10	-0.34	8.76
郴州市	1.04	1.04	333.15	333.43	-45.67	-0.08	-12.06
永州市	0.76	1.00	368.26	368.20	15.03	0.02	4.25
怀化市	0.79	1.00	332.44	332.85	-7.49	-0.12	-2.20
娄底市	0.75	1.00	262.60	263.31	24.83	-0.27	10.44
湘西州	1.00	1.00	178.85	179.28	-67.44	-0.24	-27.38
合计	—	—	5197.63	5197.63	—	—	—

注："标准人"系数 Q 中张家界市和湘西州的数值为 1，但实际上此处是小于 1 的数字，但由于仅保留了 2 位小数，因此，四舍五入后仍显示为 1。同时，为了保证结果的稳定性，在计算中对"标准人"系数 Q 进行了调整，即将 Q 中小于 1 的值均调整为 1，如变量 Q 系数调整所示。

资料来源：根据《湖南统计年鉴（2016）》相关数据整理。

按拟分配财力实际增加额的大小来看，拟分配财力应增加的城市分别为长沙市、邵阳市、娄底市、益阳市、永州市、衡阳市和岳阳市，拟分配财力应减少的城市分别湘西州、郴州市、张家界市、常德市、株洲市、湘潭市和怀化市。从增减率来看，长沙市是湖南省唯一的人口净流入城市，拟分配财力增长 8.06%，而张家界市和湘西州是湖南省人口流出最多的城市，拟分配财力分别下降 -22.81% 和 -27.38%。总体来看，拟分配财力增长超过 10% 左右，城市易出现"发展的贫困"现象，拟分配财力下降超过 20% 左右，城市易出现"衰退的富裕"现象。

此外，考虑到财政转移支付的预先性，本书也用 2014 年湖南省 14 个地市州的常住人口数计算城市预分配财力。计算出的结果显示，预分配财力与拟分配财力相差不大，各城市的增减率均没有超过 1%，保证了财力分配的稳定性，财政转移支付的预付行为即使与现实存在差异，也可以通过"标准人"系数在年末予以修正。

7.1.8 稳健性检验

新权重下的常住人口"标准人"系数如表 7-2 所示。结果显示，长沙市、株洲市、湘潭市、岳阳市和常德市的"标准人"系数 Q^T 超过 1，成为具有公共服务外溢的城市，其余城市的"标准人"系数 Q^T 均小于 1，表明仍具有较强的劳动财富外溢。

表 7-2　　新权重下 2015 年湖南省各地市州拟分配与预分配财政支出

地州市	Q^T 系数	Q^T 系数调整	按当年常住标准人口拟分配（亿元）	按上年常住标准人口预分配（亿元）	拟分配比实际财力增加额（亿元）	拟分配比预分配财力增减率（%）	拟分配比实际财力增减率（%）
长沙市	2.46	2.46	1167.96	1158.34	242.96	0.83	26.27
株洲市	1.29	1.29	330.87	330.25	-19.23	0.19	-5.49
湘潭市	1.31	1.31	235.99	236.97	4.84	-0.42	2.09
衡阳市	0.81	1.00	469.71	471.30	-22.17	-0.34	-4.51
邵阳市	0.47	1.00	464.86	465.88	32.72	-0.22	7.57

续表

地州市	Q^T 系数	Q^T 系数调整	按当年常住标准人口拟分配（亿元）	按上年常住标准人口预分配（亿元）	拟分配比实际财力增加额（亿元）	拟分配比预分配财力增减率（%）	拟分配比实际财力增减率（%）
岳阳市	1.08	1.08	389.94	390.71	14.13	-0.20	3.76
常德市	1.01	1.01	377.76	379.96	-48.76	-0.58	-11.43
张家界市	0.72	1.00	97.56	98.02	-36.42	-0.47	-27.18
益阳市	0.69	1.00	282.32	283.39	7.31	-0.38	2.66
郴州市	0.97	1.00	302.80	303.17	-76.01	-0.12	-20.07
永州市	0.62	1.00	347.58	347.64	-5.65	-0.02	-1.60
怀化市	0.62	1.00	313.78	314.27	-26.16	-0.16	-7.69
娄底市	0.74	1.00	247.85	248.61	10.08	-0.30	4.24
湘西州	0.54	1.00	168.65	169.11	-77.64	-0.27	-31.52
合计			5197.63	5197.63			

　　"标准人"系数 Q 中张家界市和湘西州的数值为1，但实际上此处是小于1的数字，但由于仅保留了2位小数，因此，四舍五入后仍显示为1。同时，为了保证结果的稳定性，在计算中对"标准人"系数 Q 进行了调整，即将 Q 中小于1的值均调整为1，如变量 Q^T 系数调整所示。

　　资料来源：根据《湖南统计年鉴（2016）》相关数据整理。

　　新权重测算下，现有财政转移支付政策更易造成"发展的贫困""衰退的富裕"现象。与之前不同的是，衡阳市和永州市转变为拟分配财力减少的城市，湘潭市则转变为拟分配财力增加的城市。从拟分配财力的增减情况来看，长沙市拟分配财力增加 242.96 亿元，增长率高达 26.27%，相比之下，邵阳市、岳阳市、娄底市、益阳市和湘潭市的拟分配财力增加额较小，增幅仅在 4.84 亿~32.72 亿元，增长率也均在 10% 以下。湘西州和张家界市仍是拟分配财力下降最多的城市，分别下降 31.52% 和 27.18%，郴州市、常德市、怀化市、衡阳市、株洲市和永州市的拟分配财力减少 5.65 亿~48.76 亿元，除郴州市下降已达 20.07% 外，其余都在 10% 以内。总体来看，城市出现两种现象的门槛值与上述结论一致，即拟分配财力增长超过 10%，易出现"发展的贫困"现象，拟分配财力下降超过 20%，易出现"衰退的富裕"现象。此外，将两次测算的结果进行对比，如图 7-3 所示，湖南省 14 个地市州拟分配财力增减率总体上保持不变，表明了结果具有稳定性。

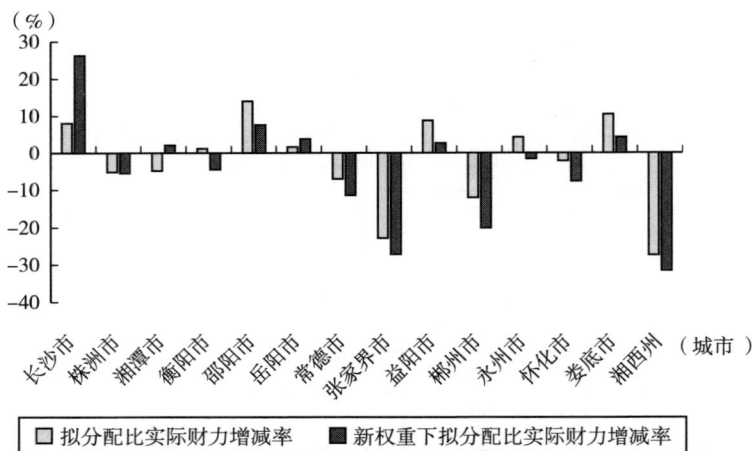

图 7 – 3　两次测算后的增减率比较

资料来源：根据《湖南统计年鉴（2016）》相关数据整理。

7.1.9　原因分析

张家界市与湘西州拟分配的财政资金较少。原因有两点：一是地理位置劣势不利于人口集聚。张家界市与湘西州地处湖南省西部贫困山区，地形较为复杂，人口难以集聚。例如，2015 年张家界市人口规模大于 4 万人的乡镇仅 7 个，每 100 平方千米地域上仅分布 0.65 个建制乡镇，不利于城镇群的形成。二是旅游经济脆弱性特点无法保障常住人口数量。与其他地市州不同的是，张家界市与湘西州的工业基础较为薄弱，地区生产总值又远低于其他地区，再加上经济结构较为单一，其主导产业是旅游业为代表的第三产业，无法为常住人口提供足够的就业岗位，因此，难以吸引外来劳动力"落户生根"。

"长株潭"经济体拟分配的财政资金较多。"长株潭"一体化后有利于加速推进新型城镇化建设，也利于现有产业相互扶持，随着新兴产业、小微企业的快速发展，"长株潭"经济体已经为劳动力提供了足够具有发展潜力的就业岗位，再加上省会城市的区位优势，农业转移人口流向长沙、株洲和湘潭三市的意愿度更高。此外，长沙市的常住人口多于户籍人口，以户籍人口数为标准的财政转移支付实际上降低了当地常住人口的人均财力，城市公共服务与基础设施建设的隐性缺口更大。

其余城市拟分配资金的情况各不相同。例如，位于武陵山区的常德市和罗霄山区的郴州市是近年来地方政府精准扶贫的重点区域，而贫困地区缺乏对人口的吸引力，成为人口流出的主要区域，因此，尽管地方政府每年投入大量资金用以脱贫，但是按现有常住人口数，实际应当减少所分配的财政资金。其余城市拟分配财力增减幅度较小，原因也多为经济社会发展程度对劳动力的吸引力所致。

7.1.10 结论

基于上述分析，本书主要得出以下研究结论：

（1）现有财政转移支付政策不利于农业转移人口市民化。不利影响主要分为两种：一是因公共服务外溢而形成"发展的贫困"的现象；二是因劳动财富外溢而形成"衰退的富裕"的现象。两种现象的产生均会影响地方政府对农业转移人口市民化的决策行为。

（2）"发展的贫困"门槛值为 10%、"衰退的富裕"门槛值为 - 20%。从测算结果与现实情况来看，长沙市是劳动力聚集的代表性城市，拟分配财力增长超过 10%，张家界市和湘西州是劳动力外流的代表性城市，拟分配财力下降超过 20%。

（3）财政转移支付挂钩机制在现实中较稳定，且具有可操作性。尽管调整后的财力分配与实际财力存在一定的差异，但是实施财政转移支付挂钩机制后，财政转移支付将更具稳定性，计算所得的预分配财力和拟分配财力，变动幅度不超过 1%，中央可按地方上一年常住人口数预拨财政转移资金，年底依据各城市实际转移的人口数量进行修正，财政上不会造成较大波动，具有可操作性。

7.2　生态足迹模型下的人口适度规模研究

7.2.1　研究背景

2014 年，国务院办公厅印发《国家新型城镇化规划（2014—2020 年）》，该规划明确提出，中国特色社会主义新型城镇化建设就是建设生态文明的城镇化。城镇化水平的提高表明人类社会文明的进步，2000～2016年，尽管我国城镇化率已由36.2%逐步上升到57.4%，但仍与发达国家80%左右的城镇化率有着不小的差别。然而，在新型城镇化建设的背景下，城镇建设用地呈粗放式的急剧增加，不仅为生态文明建设带来巨大挑战，同时也在一定程度上阻碍了人口城镇化的发展，最终不利于人口市民化的进程。人口适度规模，其本质含义就是指人口数量与城市中资源环境、经济发展相匹配，城市中人口快速扩张所引发的生态资源承载力下降已成为当前城市发展的主要矛盾。

作为生态资源物种丰富的代表性城市常德市，历来是湖南省生态资源建设的重点地区。长期以来，常德市及下属各区县市对于生态补偿的标准一直存在较大争议，而现行补偿标准也是沿用中央和省政府的补偿标准，没有根据自身地势及发展特点对现有状况进行调整，区域之间对于生态保护的冲突不断，当地政府关于生态补偿的解决方案仍停留在定性阶段。考虑到县域数据的可获性，本书仍运用生态系统服务价值评估的方法，对常德市及下属各区县市的生态补偿标准进行测算，并对常德市生态足迹与生态承载力进行分析与评价，从生态保护的角度探讨常德市人口适度规模，提出促进常德市可持续发展的合理建议，并借鉴此成果在全省范围内推广，具有十分重要的意义。

7.2.2　生态足迹理论模型

生态足迹模型主要包括两个部分的测算：生态足迹测算（需求侧）和生态承载力测算（供给侧），利用生态供给和需求的测算结果分析区域的生态发展潜力。其原理简单概括而言，即在当前经济发展水平下，人们在某一区域所消耗的用于可持续发展的自然资源。

生态足迹（EF）从需求侧入手分三步进行。首先，收集某一区域农林牧渔业的各类资源消费量；其次，将各类资源依据其生产源地归并入耕地和水域等六大土地类型；最后，加总各土地的人均生态足迹，乘以各区域的常住人口数，从而得到总的生态足迹数据。需要说明的是，若直接将汇总后的六大土地生态足迹简单相加，则各类土地面积的可加性受到广大学者们的质疑。因此，本书按照国际惯例，引入均衡因子（EQF）将各类人均生态足迹面积转换为具有可加性的人均均衡面积，其具体计算方式如下：

$$EF = N \times ef = N \sum A_i \times EQF = N \sum \frac{C_i}{P_i} \times EQF \qquad (7-3)$$

生态承载力（EC）从供给侧入手分两步进行。第一，收集某一区域各类土地面积并将其按常住人口转换为人均面积；第二，将各类人均面积依据其产量转换为具有可加性的人均均衡面积，从而加总后得到总的生态承载力数据。需要说明的是，首先，由于化石能源用地应用的广泛性，从供给侧的方向测算仅仅考虑耕地、草地、林地、建筑用地和水域等五类土地；其次，未解决人均面积的可加性，同样需要引入均衡因子；最后，由于各类土地面积所能提供的产量并不一致，因此还需引入产量因子（YF）进行调整，从而保证测算生态承载力的公平性，其具体计算方式如下：

$$EC = N \times ec = N \sum A_i \times YF \times EQF \qquad (7-4)$$

上述两式中，ef 和 ec 分别为人均生态足迹和人均生态承载力，单位为：公顷/人，N 为地区人口总量，A_i、C_i 和 P_i 分别为第 i 种生物资源消耗所占用的实际土地面积、人均消费量和全球年均产量。

生态外部性是指人类在自然环境上的经济社会行为会对其他地区施加有利或无利的影响。若当地生态建设对周边区域的生态环境产生有利影响，表现为正外部效应；反之，则为负外部效应。从经济学的角度来看，解决外部性的一种典型方法即为征税和补贴，然而到目前为止，学术界对于征税和补贴的标准还未达成一致。本书认为，按照《中共中央关于全面深化改革若干重大问题的决定》《国家环境保护总局关于开展生态补偿试点工作的指导意见》，生态补偿应秉持"谁受益、谁补偿"的原则，在补偿额度不可能出现大幅调升的条件下，应尝试建立区域间的横向生态补偿制度。

目前，国内外研究学者主要是运用市场价值法、成本－费用分析法等对生态补偿的标准进行核算，运用生态足迹方法进行测算的研究并不多见。按照毛显强等（2002）和李国平等（2013）的观点，生态补偿应是对生态盈余（生态赤字）的地区进行补偿（收费），从而解决保护（损害）较多的地区正（负）外部效应的问题。衡量一个区域正、负外部性效应的方法是测量二者在供给和需求上的缺口，不妨假设城市 i 的生态承载力和生态足迹分别为 EC_i 和 EF_i，即当生态承载力小于生态足迹时（$EC_i - EF_i < 0$），供给小于需求，即出现"生态赤字"，表明当地生态不安全，不可持续发展；反之，当生态

承载力大于生态足迹时（$EC_i - EF_i > 0$），供给大于需求，即出现"生态盈余"，表明当地生态较为安全，可持续发展能力较强。

本书将生态补偿标准定义为：经支付系数调整后，区域中各类生态盈余/赤字土地的服务价值总和。需要说明的是，生态补偿系数的作用在于平衡各类土地资源所提供的服务价值，且其计算方式有许多。参考肖建武等（2017）、吕志贤等（2011）关于湖南省生态补偿的计量，可利用简化后的皮尔生长曲线模型以及恩格尔系数作为本书的生态补偿系数。因此，根据式（7-3）和式（7-4）可以测算出各区域所获得的生态补偿（V），其具体计算方式如式（7-5）所示：

$$V = \sum V_i = \sum (EC_i - EF_i) \times \frac{ES_i}{A_i} \times R_i$$

$$= \sum (EC_i - EF_i) \times \frac{ES_i}{A_i} \times \frac{e^\varepsilon \times GDP_i}{(e^\varepsilon + 1) \times GDP} \qquad (7-5)$$

式（7-5）中，ES_i/A_i 为第 i 类土地的单位生态系统服务价值，单位为元/公顷，$EC_i - EF_i$ 表示第 i 类土地的生态盈余/赤字，单位为公顷，R_i 是生态补偿系数，GDP_i 是市（区县市）层面的国内生产总值，GDP 是省（市）层面的国内生产总值，ε 为某区域的恩格尔系数。

最后，参考包正君和赵和生（2009）的适度人口规模模型，将生态足迹与生态承载力的比值当作适度人口总量与常住人口数的比例，由此，可得到式（7-6）：

$$N = n \times \frac{EC}{EF} \qquad (7-6)$$

式（7-6）中，城市适度人口总规模为 N，n 为某区域的常住人口数。

7.2.3　研究对象

据第六次全国人口普查主要数据显示，常德市地处湘西北，西部以山地为主，中、西部以平原为主，市现辖 2 个区 6 个县 1 个县级市，另有 5 个管理区，全市总面积 1.82 万平方千米，户籍人口数 621 万人，常住人口数571.72 万人。从土地面积来看，常德市山地面积占 24.80%，平原面积占35.90%，水面占 8.10%，丘陵岗地占 31.20%，是典型的平原、丘陵地带。

常德市生态资源较为丰富，水域面积达到 14.72 万公顷，其中 75% 用于池塘与湖泊养殖，占全省水域面积的 15%。现有耕地、草地面积 49.79 万公顷，占土地总面积的 38.15%，加上土地质地肥沃和气候温润，十分有利于种植业、畜牧业和林果业的发展。林地面积达 83.43 万公顷，森林覆盖率达 47.99%，在造林、护林方面落实情况较好。湿地总面积为 19.01 万公顷，湿地保护率稳定在 70.15%，占全省湿地面积的 18.64%，湿地公园数量为 8 个，数量为湖南省之最。除此之外，还有壶瓶山等 3 个国家级自然保护区，珊珀湖等 300 个湿地保护小区，也是湖南省唯一的国际湿地城市。

7.2.4 数据来源与指标说明

（1）分析中所需要的生物资源产量、能源资源消费量、生产性土地类型的面积和人口数据，主要来自《常德市统计年鉴（2016）》和各区县市统计年鉴，统计结果如表 7-3 所示。

表 7-3　　　　　　　　2015 年常德市及各县市生物资源产量数据　　　　　单位：吨

生物资源	常德市	武陵区	鼎城区	安乡县	汉寿县	澧县	临澧县	桃源县	石门县	津市
粮食	3894840	31028	685289	308052	642419	527334	343445	811076	273378	141976
棉花	101715	1465	14443	19116	10190	20785	5986	14261	3431	5922
油料	584021	1683	70209	70347	78160	90906	53985	120326	48726	30498
蔬菜	2606708	62529	423002	187856	373210	328305	145035	567859	234866	144172
瓜类	190909	2058	21988	23113	36677	20898	8625	35162	3507	6698
猪肉	456257	3341	58543	25776	70049	73166	35028	82512	60293	39312
牛肉	17482	52	2704	718	1373	2111	1602	4826	2933	614
羊肉	30045	26	1818	891	683	4565	2293	13269	5626	682
禽蛋	408948	1470	62541	39375	34127	64124	38100	126500	21818	17803
水产品	479358	13661	75300	104538	92079	59986	24505	43050	15795	27678
园林水果	963127	14426	57595	52341	71529	122561	71725	168941	307004	29167

资料来源：根据《常德市统计年鉴（2016）》及各区县市统计年鉴中相关数据整理。

需要说明的是，按照里斯（Rees，1996）对生态足迹模型的定义，生态足迹模型中的关键变量 C_i 指的是"第 i 种生物资源的人均消费量"，然而现实中，由于农产品消费量数据无法获取，国内学者通常使用统计年鉴中"农产品的生产量"这一指标进行替代（包正君和赵和生，2009；张可云等，2011）。本书认为，受人口因素的影响，三、四线城市的农产品产量往往多于其消费量，若直接替代会使测算出的生态足迹值偏大，易呈现出生态赤字的假象。为获取生物资源消费量数据，本书参考肖建武和余璐（2015）的做法，利用《湖南省农村统计年鉴（2011）》，根据 2010 年常德市各类生物资源的"人均商品销售量"与"常住人口"的乘积，推算出 2010 年常德市各类生物资源总消费量数据，然后计算出消费 – 产出比。由于 2015 年并未公布常德市各类生物资源的"人均商品销售量"这一数据，因此，本书假设 2015 年与 2010 年常德市及下属各区县市消费 – 产出比一致，进而推算出 2015 年常德市及下属各区县市的生物资源总消费量数据[①]，如表 7 – 4 所示。

表 7 –4　　　　　　　　　常德市 2015 年生物资源消费量

生物资源	2010 年消费量（吨）	2010 年产量（吨）	消费产出比	2015 年消费量（吨）
粮食	2054554.14	3463024	0.59	2310743.34
棉花	536616.24	133975	4.01	407403.77
油料	205709.83	552131	0.37	217591.22
蔬菜	939494.46	1918374	0.49	1276595.56
瓜类	281695.24	189136	1.49	284335.91
猪肉	108327.66	4124119.23	0.03	11984.44
牛肉	3398.93	162706.27	0.02	365.20
羊肉	945.76	106040	0.01	267.97
禽蛋	50805.99	917345	0.06	22649.07
水产品	37820.36	1988859	0.02	9115.52
园林水果	461995.86	849995	0.54	523486.24

注：由于猪牛羊肉、禽蛋和水产品出售数据无法获取，此处仅用湖南省平均消费与产出数据代替计算比例。

资料来源：根据《常德市统计年鉴（2016）》中相关数据整理。

———————————

① 受篇幅所限，下属各区县市的生物资源消费量数据不再单列，如有兴趣可向笔者索取。

（2）需对本书所借鉴的均衡因子和产量因子的来源进行说明。首先，均衡因子。均衡因子来源世界粮农组织（FAO）于 1993 年计算的有关生物资源的世界平均产量，即耕地和建筑用地为 2.82，草地为 0.54，林地为 1.14，水域为 0.22，化石能源用地为 1.14。其次，产量因子。产量因子利用瓦克纳格尔等（Wackernagel，1996）计算中国生态足迹时的取值，即耕地和建筑用地均为 1.66，草地为 0.19，林地为 0.91，水域为 1。

（3）计算能源消费时，以世界单位化石燃料生产土地面积的平均发热量为标准。因此，必须将当地能源消费所消耗的热量折算成一定比例的化石燃料土地面积，原煤、焦煤、燃油、汽油、煤油、柴油、电力（万千瓦/小时）的全球平均能源足迹分别为 55、55、71、93、93、93、1000（单位：吉焦/公顷），相应地，折算系数分别为 20.93、28.47、50.20、43.12、43.12、42.71、3.36（单位：吉焦/吨）。

7.2.5 生态足迹分析

本书利用《常德市统计年鉴（2016）》的相关数据分别测算出常德市生物资源消费和工业能源消费的人均生态足迹。需要说明的是，在计算人均生态足迹时所使用的人口口径为常住人口，2015 年常德市常住人口数为 609.18 万人，测算结果如表 7-5 至表 7-7 所示。

表 7-5　　　　　　　　2015 年常德市生物资源消费生态足迹

生物资源	全球平均年产量 （千克/公顷）	消费量 （吨）	人均生态足迹 （公顷/人）	生物生产性土地类型
粮食	2744	2310743.34	0.14	耕地
棉花	1000	407403.77	0.07	耕地
油料	1856	217591.22	0.02	耕地
蔬菜	18000	1276595.56	0.01	耕地
瓜类	18000	284335.91	0.00	耕地
猪肉	457	11984.44	0.00	草地
牛肉	33	365.20	0.00	草地

生物资源	全球平均年产量 （千克/公顷）	消费量 （吨）	人均生态足迹 （公顷/人）	生物生产性土地类型
羊肉	33	267.97	0.00	草地
禽蛋	2760	22649.07	0.00	草地
水产品	3212	9115.52	0.00	水域
园林水果	18000	523486.24	0.00	林地

注：人均生态足迹 = 消费量×1000/（全球平均年产量×常德市 2015 年常住人口数）。
资料来源：根据《常德市统计年鉴（2016）》中相关数据整理。

表 7-6　　　　　2015 年常德市工业和能源消费生态足迹

消费项目	消费量 （吨）	折算系数 （吉焦/吨）	全球平均能源足迹 （吉焦/公顷）	人均生态足迹 （吉焦/公顷）	生物生产性 土地类型
原煤	5138810	20.93	55	0.32	化石能源用地
焦煤	63671	28.47	55	0.01	化石能源用地
燃油	1291	50.20	71	0.00	化石能源用地
汽油	2477	43.12	93	0.00	化石能源用地
煤油	260	43.12	93	0.00	化石能源用地
柴油	14265	42.71	93	0.00	化石能源用地
电力	1051134	3.36	1000	0.00	建筑用地

注：人均生态足迹 = 消费量×折算系数/（全球平均能源足迹×常德市 2015 年常住人口数）。
资料来源：根据《常德市统计年鉴（2016）》中相关数据整理。

表 7-7　　　　　2015 年常德市生态足迹计算结果

生物生产性 土地类型	人均面积 （公顷/人）	均衡因子	人均均衡面积 （公顷/人）	总面积 （万公顷）
耕地	0.24	2.82	0.67	409.88
草地	0.01	0.54	0.00	2.90
林地	0.00	1.14	0.01	3.32
建筑用地	0.00	2.82	0.00	1.00

续表

生物生产性 土地类型	人均面积 （公顷/人）	均衡因子	人均均衡面积 （公顷/人）	总面积 （万公顷）
水域	0.00	0.22	0.00	0.06
化石能源用地	0.33	1.14	0.37	227.73
生态足迹			1.06	644.87

注：人均面积为各类土地人均生态足迹面积之和（例如，耕地面积 0.24 = 0.14 + 0.07 + 0.02 + 0.01 + 0.00）（数据源于表 7 - 5）；人均均衡面积 = 人均面积×均衡因子；总面积 = 人均均衡面积×常德市 2015 年常住人口数。

资料来源：根据《常德市统计年鉴（2016）》中相关数据整理。

结果表明，2015 年常德市总的生态足迹大约为 644.87 万公顷，人均生态足迹为 1.06 公顷/人。这一数据不仅低于 2015 年全球人均生态足迹 2.20 公顷/人，也低于全国人均生态足迹 1.60 公顷/人。从横向来看，耕地和化石能源用地的人均生态足迹较大，耕地的人均生态足迹为 0.67 公顷/人，化石能源用地的人均生态足迹为 0.37 公顷/人，两者合计占总生态足迹的 98.86%。

将上述研究方法用至常德市下属各区县市可计算出相应的人均生态足迹，考虑到工业和能源消费数据的可获性，本书在计算各区县市的生态足迹时主要参考生物资源消费的相关数据，测算结果如表 7 - 8 所示。

表 7 - 8　　　　2015 年常德市下属各区县人均生态足迹计算结果

单位：×10^{-3}公顷/人

各区县	耕地	草地	林地	水域	人均生态足迹
武陵区	68.79	0.23	0.82	0.03	69.88
鼎城区	821.20	4.60	2.47	0.12	828.39
安乡县	837.94	2.90	3.26	0.25	844.34
汉寿县	675.41	3.57	2.83	0.14	681.95
澧县	689.62	4.71	4.56	0.08	698.98
临澧县	707.08	5.25	5.44	0.07	717.84
桃源县	798.41	7.74	5.99	0.05	812.20
石门县	376.05	5.87	15.78	0.03	397.73

续表

各区县	耕地	草地	林地	水域	人均生态足迹
津市	761.79	7.16	4.17	0.15	773.27
均值	637.37	4.67	5.04	0.10	647.18

资料来源：根据《常德市统计年鉴（2016）》及各区县市统计年鉴中相关数据整理。

表 7 - 8 显示：首先，武陵区生态需求相对较小。其次，从需求总量来看，耕地的需求最高，人均生态足迹均值为 637.37 × 10^{-3} 公顷/人；草地和林地的需求其次，人均生态足迹均值分别为 4.67 × 10^{-3} 公顷/人和 5.04 × 10^{-3} 公顷/人；水域的需求最低，人均生态足迹均值仅为 0.10 × 10^{-3} 公顷/人。最后，从需求分布来看，耕地的需求主要集中在鼎城区和安乡县；草地和林地的需求主要集中在西部武陵山系和雪峰山余脉等山地较多的石门县和桃源县；水域的需求则主要集中于东部沅、澧水下游及洞庭湖平原区的安乡县和汉寿县。

7.2.6 生态承载力分析

生态承载力是从供给侧的角度分析常德市提供用于人们消费生物资源的面积。需要说明的是，考虑到生物多样性的保护，本书参考世界环境与发展委员会的建议，将测算出的人均均衡面积的 12% 用以保护生物多样性，结果如表 7 - 9 所示。

表 7 - 9   2015 年常德市生态承载力计算结果

生物生产性土地类型	土地面积（万公顷）	人均面积（公顷/人）	均衡因子	产量因子	人均均衡面积（公顷/人）	总生态承载力（万公顷）
耕地	50.59	0.08	2.82	1.66	0.39	236.84
草地	2.93	0.00	0.54	0.19	0.00	0.30
林地	72.22	0.12	1.14	0.91	0.12	74.92
建筑用地	17.67	0.03	2.82	1.66	0.14	82.70
水域	27.71	0.05	0.22	1.00	0.01	6.10

续表

生物生产性土地类型	土地面积（万公顷）	人均面积（公顷/人）	均衡因子	产量因子	人均均衡面积（公顷/人）	总生态承载力（万公顷）
化石能源用地			1.14	0.00	0.00	0.00
承载力					0.66	400.86
生物多样性保护面积					0.08	48.10
可利用生态承载力					0.58	352.75

注：人均均衡面积＝人均面积×均衡因子×产量因子，总生态承载力＝人均均衡面积×常德市2015年常住人口数。

资料来源：根据《常德市统计年鉴（2016）》中相关数据整理。

根据生态承载力计算方法，计算出 2015 年常德市人均生态承载力为 0.58 公顷/人，总生态承载力为 352.75 万公顷，其中耕地的人均生态承载力为 0.39 公顷/人，总生态承载力为 236.84 万公顷，占总生态承载力的 59.08%；林地的人均生态承载力为 0.12 公顷/人，总生态承载力为 74.92 万公顷，占总生态承载力的 18.69%；建筑用地的人均生态承载力为 0.14 公顷/人，总生态承载力为 82.70 万公顷，占总生态承载力的 20.63%，三者合计占总生态承载力的 98.40%。

类似地，也可得出常德市下属各区县市的生态承载力，需要说明的是，由于各区县市化石能源用地面积数据无法获取，因此在计算生态承载力时并没有将其列入，最终的详细数据如表 7－10 所示。

表 7－10　　2015 年常德市下属各区县市人均生态承载力计算结果

单位：×10^{-3}公顷/人

各区县	耕地	草地	林地	建筑用地	水域	可利用生态承载力
武陵区	83.97	0.02	9.13	98.40	3.41	84.96
鼎城区	509.08	0.06	88.99	156.97	11.40	536.39
安乡县	442.68	0.09	1.13	106.15	16.37	405.03
汉寿县	376.08	0.21	50.93	134.80	15.91	389.95
澧县	375.07	0.50	46.91	133.35	10.85	381.33
临澧县	462.59	0.62	84.82	154.20	6.76	488.22

续表

各区县	耕地	草地	林地	建筑用地	水域	可利用生态承载力
桃源县	465.16	0.30	277.12	151.73	7.07	659.70
石门县	339.86	2.38	399.11	135.67	5.76	657.46
津市	424.23	0.28	39.39	144.01	12.68	419.40
均值	386.52	0.50	110.84	135.03	10.02	446.94

资料来源：根据《常德市统计年鉴（2016）》及各区县市统计年鉴中相关数据整理。

表 7-10 显示：首先，武陵区生态供给相对较小。其次，从供给总量来看，耕地的供给最高，人均生态承载力均值为 386.52×10^{-3} 公顷/人；建筑用地和林地的供给次之，人均生态承载力均值分别为 135.03×10^{-3} 公顷/人和 110.84×10^{-3} 公顷/人；水域和草地的需求最低，人均生态承载力的均值均低于 11×10^{-3} 公顷/人。最后，从供给分布来看，耕地和建筑用地的供给分布较为均匀；林地的供给则主要集中在西部武陵山系和雪峰山余脉等山地较多的石门县和桃源县；水域的供给则主要集中于东部沅、澧水下游及洞庭湖平原区的安乡县和汉寿县；草地的供给则并不明显。

7.2.7 生态可持续发展分析

生态可持续发展分析主要依据生态承载力与生态赤字的差额，两者差额为正表明生态盈余，两者差额为负表明生态赤字。根据上述计算结果，可计算出常德市及下属各区县市的生态赤字/盈余状况。考虑到上述部分数据缺失，本书仅列出耕地、林地、草地和水域的测算结果，如表 7-11 所示。

表 7-11   2015 年常德市及下属各区县市生态赤字/盈余计算结果

单位：公顷/人

各区县	耕地	草地	林地	水域	人均生态赤字/盈余
湖南省	-0.09	0.01	0.17	0.00	-0.76
常德市	-0.28	-0.00	0.12	0.01	-0.48
武陵区	0.02	0.00	0.01	0.00	0.02

续表

各区县	耕地	草地	林地	水域	人均生态赤字/盈余
鼎城区	- 0.31	- 0.01	0.09	0.01	- 0.29
安乡县	- 0.40	- 0.00	- 0.00	0.02	- 0.44
汉寿县	- 0.30	- 0.00	0.05	0.02	- 0.29
澧县	- 0.32	- 0.00	0.04	0.01	- 0.32
临澧县	- 0.24	- 0.00	0.08	0.01	- 0.23
桃源县	- 0.33	- 0.01	0.27	0.01	- 0.15
石门县	- 0.04	- 0.00	0.38	0.01	0.26
津市	- 0.34	- 0.01	0.04	0.01	- 0.35

注：常德市及其各区县市人均生态赤字/盈余的数值均由人均生态承载力与人均生态足迹相减所得，湖南省人均生态赤字/盈余的数值来源于肖建武（2015，2017）。

资料来源：根据《常德市统计年鉴（2016）》及各区县市统计年鉴中相关数据整理。

表 7 - 11 显示：首先，武陵区与石门县呈生态盈余。特别是石门县的人均生态盈余已达 0.26 公顷/人，表明当地对于生态的供给已超过居民对生态的需求，具有正的外部性，应当获得生态补偿。其次，常德市其余地区具有相对的正外部性效应。2015 年除武陵区和石门县外，常德市其余地区均呈现生态赤字，从绝对数据来看，这些地区对生态环境的保护做得还不够，对其他地区具有绝对的负外部效应。然而，据《中国生态足迹报告（2012）》显示，随着工业化和城市化的进程逐步加快，中国正面临着巨大生态赤字。2009 年，中国 31 个省份中仅有西藏等 6 个省份呈现生态盈余（不包括港澳台地区），其余均为生态赤字。若以此为财政补贴的标准，则中央财政补贴需要发生大规模的变动，不利于补贴政策的稳步调整。因此，本书认为现阶段可以在中央财政专项补贴总体不变的前提下，制定湖南省区域横向生态补偿制度，即以湖南省人均生态赤字 - 0.76 公顷/人为标准，低于此数值的区域具有相对负外部性效应，应当对高于此标准数的区域（具有相对正外部性效应）进行生态补偿。最后，林地和水域普遍为生态盈余，耕地和草地则为生态赤字。从土地类型来看，常德市林地和水域的生态环境保护较好，耕地和草地的财政补贴应多向其倾斜。

7.2.8 区际生态补偿标准分析

从上述结果来看，尽管常德市生态超载现象十分严重，但关于生态补偿的额度并未达成一致。从对常德市及下属各区县市的实地调研情况来看，由于生态补偿费用并未形成财政专项，其补偿的金额仍与其他项目拨款同纳入上级的财政补贴中，下级各地方政府实际上对于本区域以及其他区域的生态补偿标准究竟是多少并不清楚。此外，由于上级财政补贴往往只支付其中一部分，另一部分需要地方政府自行筹措，因此，常德市下属各区县市的生态补偿标准也并不一致，其补偿金额往往与地方政府的举债能力有关。本书根据生态补偿量计算公式（7-5）计算得到常德市及下属各区县市的生态补偿额度，各类土地的补偿标准由：总生态赤字/盈余、单位生态系统服务价值和生态补偿系数三个部分相乘所得。其中，总生态赤字/盈余=人均生态赤字/盈余×2015年常住人口数；单位生态系统服务价值借鉴谢高地等（2003，2008）的研究成果，将耕地、草地、林地和水域的单位价值分别设置为6114.30元/公顷、6406.50元/公顷、19334元/公顷和40676.40元/公顷；生态补偿系数的测算需要两个关键变量：一是恩格尔系数，由于各地区恩格尔系数难以获取，因此，本书以湖南省城镇居民恩格尔系数与农村居民恩格尔系数的平均值32.05%代替；二是地区生产总值占比（GDP_i/GDP），在测算常德市生产总值占比时，分母取2015年湖南省生产总值29047.20亿元，而在测算常德市各下属区县市的生产总值占比时，分母取2015年常德市生产总值2709.20亿元。此外，考虑到近年来常德市生态保护主要以草地、林地和水域为主，因此，耕地补偿数据未纳入合计。具体结果如表7-12所示。

表7-12　　　　　　　　　2015年常德市各区县生态补偿标准

各区县	常住人口数（万人）	地区生产总值（亿元）	耕地补偿（元/公顷）	草地补偿（元/公顷）	林地补偿（元/公顷）	水域补偿（元/公顷）	合计补偿（元/公顷）
常德市	609.18	2709.20	-57183.12	-898.55	74824.35	13266.53	87192.33
武陵区	60.61	1095.70	1320.61	-21.20	2246.67	1716.41	3941.88

续表

各区县	常住人口数 （万人）	地区生产 总值 （亿元）	耕地补偿 （元/公顷）	草地补偿 （元/公顷）	林地补偿 （元/公顷）	水域补偿 （元/公顷）	合计补偿 （元/公顷）
鼎城区	80. 16	256. 90	− 8408. 36	− 129. 70	7368. 95	1949. 00	9188. 24
安乡县	55. 30	146. 00	− 4170. 07	− 32. 05	− 75. 40	1106. 60	999. 15
汉寿县	87. 09	218. 40	− 7448. 04	− 93. 16	3789. 21	2625. 03	6321. 07
澧县	92. 49	278. 50	− 10598. 46	− 130. 85	4520. 51	2446. 21	6835. 88
临澧县	45. 36	139. 40	− 2018. 32	− 36. 84	2080. 23	381. 21	2424. 60
桃源县	97. 13	275. 10	− 11651. 11	− 283. 41	29946. 62	1613. 92	31277. 13
石门县	66. 97	211. 40	− 667. 56	− 75. 08	22437. 72	735. 31	23097. 95
津市	24. 07	115. 30	− 1225. 89	− 27. 21	399. 67	310. 25	682. 71
合计			− 102050. 32	− 1728. 06	147538. 54	26150. 46	

资料来源：根据《常德市统计年鉴（2016）》及各区县市统计年鉴中相关数据整理。

从表 7 - 12 中可知：第一，湖南省应在现有中央财政支持总体不变的前提下进行局部微调。尝试建立区域间的横向生态补偿制度，由湖南省内低于其平均生态赤字水平 − 0. 76 公顷/人的区域向高于其生态赤字水平的区域进行生态支付。从总量上看，常德市仍需向外获得生态补偿总量为 8. 72 亿元，下属各区县市可划分为四个等级：一是桃源县、石门县和鼎城区的生态补偿金额最高，其数额分别为 3. 13 亿元、2. 31 亿元和 0. 92 亿元；二是汉寿县和澧县需补偿的金额约为 0. 65 亿元左右；三是武陵区、临澧县和安乡县需补偿的金额在 0. 3 亿元左右；四是津市为需补偿金额最少的地区，其金额为 0. 07 亿元，如图 7 - 4 所示。第二，从土地类型来看，耕地与草地需向外支付的生态补偿总量为 10. 38 亿元，而林地和水域需要向外索取生态补偿总量为 17. 37 亿元，说明各类土地资源仍需向外获得生态补偿总量约为 7 亿元，才可使生态资源处于可持续发展的状态。

（万元）

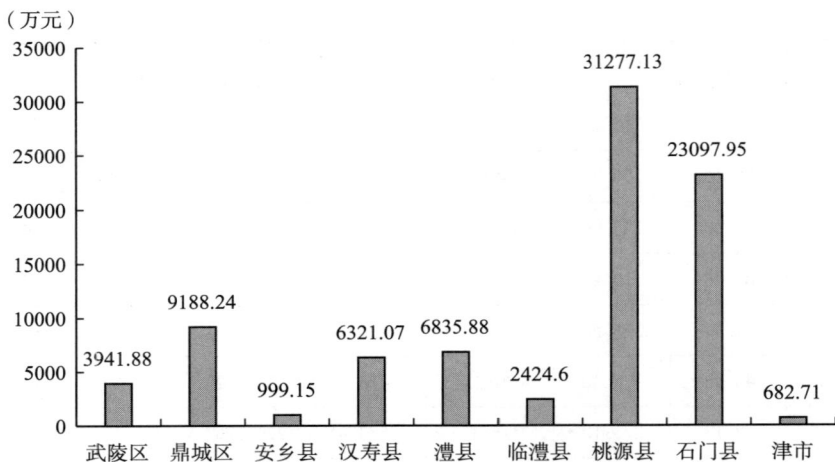

图7-4 常德市下属各区县市生态补偿金额

资料来源：根据《常德市统计年鉴（2016）》及各区县市统计年鉴中相关数据整理。

7.2.9 适度人口规模测算

基于生态足迹的人口适度规模，即一个地区的生态可持续人口数量应精准匹配当地能提供的资源环境及人们对自然资源的消费水平。将常德市及下属各区县市现有人口数量代入式（7-6）后可测算出各个区域的人口适度规模。如表7-13所示，仅武陵区与石门县目前仍处于可持续发展状态，较之当前人口规模，其增长的潜力分别为8.50万人和43.50万人，而其余地区人口明显已超出自然生态承载力的范围，生态资源将成为限制常德市人口发展的一个重要因素。

表7-13　　　　　　　2015年常德市各区县人口适度规模

各区县	人均生态承载力（公顷/人）	人均生态足迹（公顷/人）	现有人口（万人）	适度人口（万人）
常德市	0.58	1.06	584.40	319.52
武陵区	0.09	0.07	42.67	51.81
鼎城区	0.54	0.83	76.47	49.50

各区县	人均生态承载力 （公顷/人）	人均生态足迹 （公顷/人）	现有人口 （万人）	适度人口 （万人）
安乡县	0.41	0.84	55.30	26.54
汉寿县	0.39	0.68	82.13	46.97
澧县	0.38	0.70	92.49	50.41
临澧县	0.49	0.72	45.36	30.83
桃源县	0.66	0.81	97.13	78.95
石门县	0.66	0.40	66.97	110.55
津市	0.42	0.77	24.07	13.05

注：按照式（7-6），适度人口=（人均生态承载力/人均生态足迹）×现有人口。
资料来源：根据《常德市统计年鉴（2016）》及各区县市统计年鉴中相关数据整理。

7.2.10 结论

本书通过生态足迹模型，对 2015 年常德市及下属各区县市的生态足迹进行了测算，在此基础上，估计了常德市生态补偿金额和人口适度规模，所得结论如下：

（1）常德市总体呈生态赤字，耕地赤字是主要原因。从区域来看，除武陵区和石门县呈生态盈余状外，其余各地区均呈生态赤字，不过生态赤字水平明显高于湖南省平均水平。从土地类型来看，尽管林地和水域呈生态盈余，但是耕地赤字最为严重，耕地的生态足迹占总生态足迹的 90%，是常德市生态赤字的主要原因。

（2）低于省生态赤字平均水平的区域应向常德市支付生态补偿 8.72 亿元，以林地和水域为主的地区为主要补偿对象。尽管耕地和草地需向外支付生态补偿，但总体上看，常德市仍应获得生态补偿 8.72 亿元，所获金额的多少主要取决于所在区域林地和水域的生态足迹。其中，桃源县、石门县和鼎城区是常德市获生态补偿最多的区域，津市是获生态补偿最少的区域。

（3）生态承载力不足是限制常德市人口发展的重要因素。基于生态足迹测算的常德市人口适度规模约为 320 万人，与现有人口相比，规模要减少近 260 万人。其中，澧县和汉寿县的适度人口规模减小幅度最大。

7.3 常德市人才返乡的调查研究

7.3.1 研究背景

2015年，国务院出台了《关于支持农民工等人员返乡创业的意见》，该意见明确指出，"国家应支持农民工和大学生等人员返乡就业创业，促进农村资源开发，打开新型工业化和农业现代化、城镇化和新农村建设协同发展的局面"。近年来，湖南省"能人回乡"战略逐步向纵深推行且初显成效，然而，由于乡村收入水平不高、基础设施落后、公共服务供给不足等客观因素，湖南农村相继出现"引才回乡政策不充分、村庄发展动力不充足、能人回乡效力不充盈"等一系列问题，能人回乡政策显得"步履维艰"。鉴于此，为全面性地了解战略实施现状、针对性地提出战略建议，本课题组于2018年7月组织全校师生在常德市乡村开展了"人才返乡"现状的专项调研。

返乡人才对常德市乡村发展的作用主要有两点：一是乡村治理。由返乡人才参与的乡村治理，实质上是要形成"官民共治"的新型乡村治理体系，也可以说是构建乡村人才加普通群众的治理结构的新探索，同时也有利于发挥返乡人才在重建乡村治理秩序中的重要作用。此外，返乡人才能够发挥其自身优势增强乡村的凝聚力，能够促进乡村建设更快更好地发展，更加有效率地建设乡村。二是价值引领。当前我国乡村社会存在的主要问题在于村民学识浅、法律意识淡薄、在参与乡村建设中参与感低等，而返乡人才中存在许多有知识、有文化、有社会经验、有政治威望的人，能够为当地居民起到正确示范引领的作用。

7.3.2 常德市发展现状

据2019年常德市国民经济和社会发展数据显示，常德市位于湖南省西北部，是长江经济带的重要节点城市，也是洞庭湖生态经济区的重要组成部分。全市总面积18200平方公里，辖9个区（县）和6个行政管理区域。年末户

籍总人口为 604.2 万人，比上年下降 0.2%，其中城镇人口 198.2 万人，下降
0.42%，乡村人口 406.1 万人，下降 0.06%。常住人口城镇化率为 54.5%，
比上年提高 1.4 个百分点。2019 年全市实现地区生产总值 3624.2 亿元，比上
年增长 7.9%；其中，第一产业增加值为 395.7 亿元，增长 2.9%；第二产业
增加值为 1462.7 亿元，增长 7.8%；第三产业增加值为 1765.8 亿元，增长
9.0%。全市城镇居民人均可支配收入 33896 元，比上年增长 8.9%；城镇居
民人均消费支出 26617 元，增长 7.5%。农村居民人均可支配收入 16484 元，
增长 9.2%；农村居民人均消费支出 15782 元，增长 13.1%。常德是全国重要
的农产品生产基地，享有"洞庭鱼米之乡"的美誉，粮、棉、油、水果、生
猪、鲜鱼产量居全省前列。全市大小景点 300 多处，其中国家 4A 级景区 9 个。

7.3.3　调查设计

7.3.3.1　调查目的

尝试从劳动力流动的视角，对常德地区乡村振兴的实现机制展开深入研
究。结合调研数据、理论及实证分析结果，以解决"农村、农业和农民"的
问题为目的，提出有针对性、可行性的乡村振兴实现机制，为常德地区的乡
村建设提供完备的实现方案。

7.3.3.2　调查方案内容

本次调查是与国家统计局常德调查队合作开展，作为主要参与者协助调
查队以常德市城区为中心，按离市区远近为原则，兼顾考虑产业发展、基础
组织建设、环境治理等因素，抽取调查了样本乡、村。调查方案主要分为三
个板块，第一个板块包括是否了解乡村振兴、是否认同乡村振兴、乡村中存
在的主要矛盾；第二个板块包括乡村振兴实施过程中本地乡村人才队伍建设
存在的问题、怎样才能更好地建设乡村人才队伍；第三个板块包括乡村振兴
可以依靠的力量。通过对这些问题的调查，了解到常德市各个区县市的居民
对于乡村振兴战略实施过程中所面临的问题，并对于这些问题提出相应的
建议。

7.3.3.3 调查时间和对象

此次调研时间为 2019 年。调研对象为常德市，具体包括石门县夹山镇、桃源县杨溪桥乡、津市药山镇、临澧县修梅镇、澧县城头山镇、汉寿县辰阳街道、桃源县茶庵铺镇、石门县白云镇、鼎城区谢家铺镇、澧县复兴镇、汉寿县朱家铺镇、鼎城区中河口镇。

通过抽样调查的方式调查抽选能真实反映常德发展水平的村，包括发展较好、较差的村。此次调研走访调查样本 150 人，覆盖常德 7 个区县市。从调查对象年龄层次来看，年龄在 18～30 岁的 21 人，占 14%；31～45 岁的 50 人，占 34%；46～60 岁的 68 人，占 45%；61 岁以上的 11 人，占 7%。从调查对象性别来看，男性 97 人，占 65%；女性 53 人，占 35%。从调查对象身份来看，乡镇干部 44 人，占 29%；村干部 46 人，占 31%；农村居民 44 人，占 29%；其他 16 人，占 11%。从调查对象受教育程度来看，小学及以下 8 人，占 5%；初中 27 人，占 18%；大学专科 42 人，占 28%；大学本科 25 人，占 17%；研究生及以上 4 人，占 3%。从宅基地面积来看，90 平方米及以下 17 人，占 11%；90～100 平方米 29 人，占 19%；100～120 平方米 48 人，占 32%；120～140 平方米 28 人，占 19%；140 平方米以上 28 人，占 19%。

7.3.3.4 调查基本情况

从总体上来看，在绝大多数发展较好的村中，对乡村振兴的了解度以及认同度更高，且大部分调查人均认为人才在乡村振兴战略实施的过程中占据着重要的地位，这也使得人才缺失成为乡村振兴发展过程中最突出的矛盾，人才流失问题不容小觑。从表 7-14 来看，土地流转率较高、劳动力数量占比高、负债金额较少、返乡创业的人数多、村上考上大学的人数多、村民收入来源主要为产业带动型；在绝大多数发展相对较差的村中，土地流转率较低、劳动力数量占比低、负债金额较多、返乡创业的人数少、村上考上大学的人数少、村民收入来源主要为务工输出型。所以，提高土地利用情况、加大对于人才的引进、吸引人才返乡创业、加强基础医疗设施的建设、加强对教育的重视程度，更有利于乡村振兴战略的开展。目前看来，乡村能否振兴不能寄希望于高级知识分子的回流，不过通过改善农村人居环境、优化现有行政岗位、提供更具个人发展的空间等能够间接提升居民幸福指数的方案，或许是未来乡村振兴的关键之处。所以乡村振兴战略要想取得成功，离不开国家政策的引导、政策项目资金扶持、村干部的带领以及村民自身的努力。

表 7－14　　　　　　　　　　常德市主要乡村基本情况

乡村	土地流转率（％）	常住人口中劳动力占比（％）	负债金额（万元）	2017～2019年返乡创业或工作人数（人）	2017～2019年全村考上大学人数（人）	主要收入来源
□石门县夹山镇三板桥社区	38.5	66.7	0	10	25	甜桔水稻务工
□桃源县杨溪桥乡岩吾溪	100	38.1	30	3	4	茶叶
□津市药山镇三星坑村	70.6	45.6	70	2	21	种植
□临澧县修眉镇高桥村	9.2	84	127.5	23	109	务工农产品
□澧县城头山镇黄河村	84.5	58.9	80	120	28	产业
□汉寿县辰阳街道仓儿总村	34.9	55.8	0	5	10	引资
□桃源县茶庵铺镇松阳坪村	—	70.7	88.3	1	113	茶叶种植
■石门县白云镇美圣桥村	0	45.9	50	0	15	种植业外出务工
■鼎城区谢家铺镇唐家铺社区	61.6	49.7	40	0	18	务工
■澧县复兴场镇顺林桥社区	7.1	76.5	203.4	5	30	种养
■汉寿县朱家铺镇林场村	0	49	150	0	13	劳务输出种植
■鼎城区中河口镇南洲村	56.4	50.6	203	4	27	务工

注：□表示发展较好的村；■表示发展相对较差的村。
资料来源：根据调查数据整理。

7.3.4　调查结果分析

通过调查报告可知：村民对"乡村振兴战略"认同度较高、对本村实现乡村振兴信心大、普遍认为人才缺失、部分村民不理解政府政策、基础设施建设落后成为乡村振兴发展过程中最突出的矛盾。另外，83%的调查对象认为在乡村振兴战略实施过程中人才非常重要。产业带头人、优秀村干部被认为是乡村振兴战略实施过程中最重要的人才。"缺乏创新人才""人才老龄化""人才数量少"成为乡村人才队伍建设中最突出的问题。"加大人才引进力度""加强对本土人才的培养和培训""搞好基础设施建设"才能更好地建设乡村人才队伍。

在调查的人中89%的调查对象认为外流人才返乡创业能够促进乡村振兴。"当地技术型人才"是当前当地经济发展过程中人才主要来源。农村人才流失问题较为严重。44%的调查对象子女因外出务工等原因长期不在本地。大部分调查对象对目前生活在农村感到幸福。实现乡村振兴，需要多方合力。"人才""资金"两大要素成为推进乡村振兴工作中最需要的要素。

（1）对"乡村振兴战略"了解度高。如图7-5所示，37%的调查对象对"乡村振兴战略"表示"很了解"，47%的表示"比较了解"，11%的表示"知道一点"，5%的表示"没听说过"。习近平总书记在党的十九大报告中提出了乡村振兴战略，并伴随着若干相关计划的配合出台。在党中央的领导以及地方干部的努力下，常德地区居民对于乡村振兴的了解度是较高的，这也说明了乡村振兴战略的普及工作较为到位。

（2）对"乡村振兴战略"认同度高。如图7-6所示，80%的调查对象"非常认同"国家提出的"乡村振兴战略"，14%的"比较认同"，5%的"一般"，"不太认同""很不认同"的仅占1%。在常德农村地区实施乡村振兴的过程中，党员干部们对于农民的疑惑和顾虑进行了有效的落实与回应，积极回应乡村振兴所要达成的目标、需要解决的现实问题以及农民对美好生活的向往，切实实现、维护、发展广大农民的根本利益。这正是调查对象对于乡村振兴战略认同度高的重要原因。

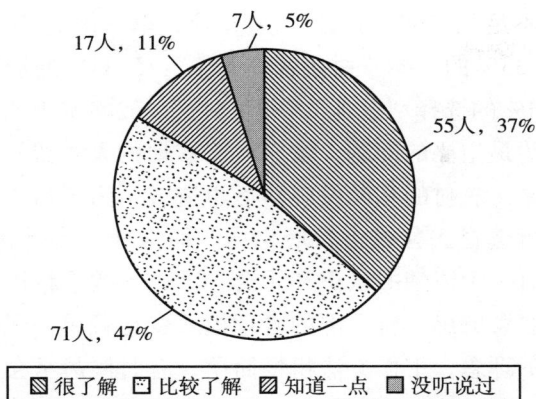

图 7 – 5　是否了解"乡村振兴"

资料来源：根据调查数据整理。

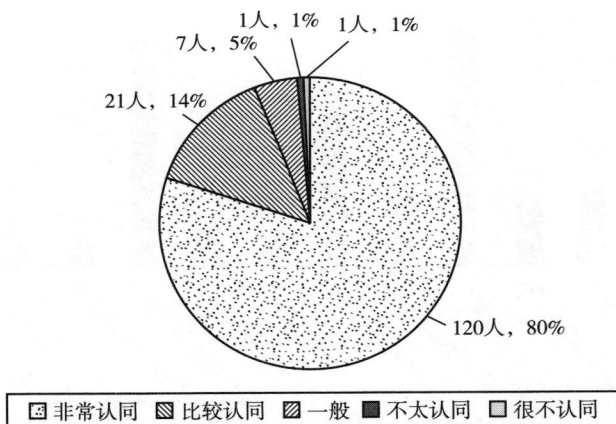

图 7 – 6　是否认同"乡村振兴"

资料来源：根据调查数据整理。

（3）人才缺失、部分村民不理解政府政策、基础设施建设落后成为乡村振兴发展过程中最突出的矛盾。如图 7 –7 所示，在被问及乡村振兴发展过程中最突出的矛盾上，58% 的调查对象认为"人才缺失"是乡村振兴发展过程中最突出的矛盾，49.33% 的选择"基础设施建设落后"，42.67% 的选择"部分村民不理解政府政策"，22% 的选择"土地流转不规范"，17.33% 的选择"政策倾向性不足"，16%的选择"管理模式单一化"，10%的选择"需求落后于生产"，9.33%的选择"村庄管理无序"，5.33%的选择"乡村干部与群众间的矛盾"4%的选择"其他"。在乡村振兴战略实施的过程中，青年人才的流失依然成为最主要的问题，乡村对于本地的人才留不住，对于外地的人才更是引不进来。农村的基础设施落后也造成了为了给小孩更好教育、医疗环境的年轻父母选择去往城市发展定居。而本地大多数村干部年龄偏大，对于政府政策没有一个清楚的认识和领会，这也导致了村民对于政策的不理解也没有人进行答疑解惑，村干部的管理模式也比较单一无序，在乡村治理中缺乏依法治理的理念，工作方法粗糙简单，有时候甚至会引发干部与群众之间的矛盾。

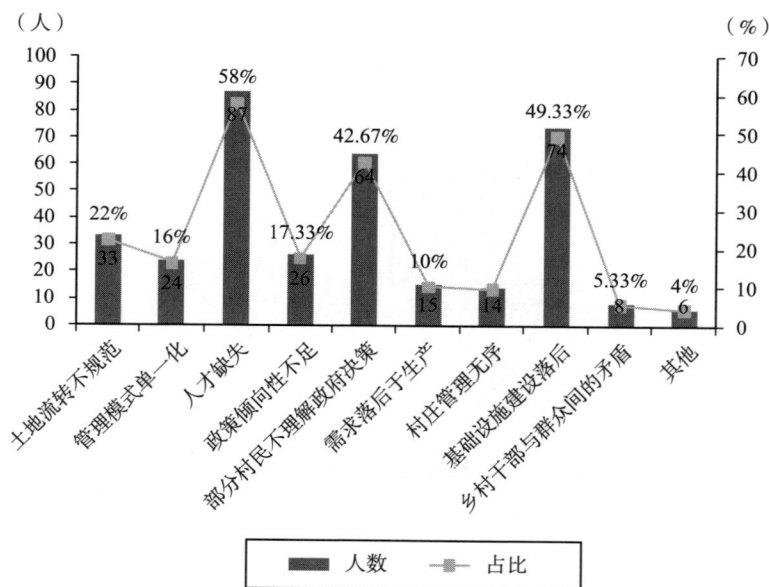

图7-7　乡村中存在的主要矛盾

资料来源：根据调查数据整理。

（4）缺乏创新人才、人才老龄化、人才数量少成为乡村人才队伍建设中最突出的问题。如图7-8所示，在被问及本地乡村人才队伍建设存在的问题上，55.33%的调查对象选择"缺乏创新人才"，33.33%的选择"人才老龄

化"，30% 的选择"人才数量少"，26.67% 的选择"人才配置不均衡"，18%
的选择"回流人才少"，16% 的选择"基层乡、村干部队伍能力不强"，
16.67% 的选择"人才结构单一"，14.67% 的选择"人才学历、职称和能力
偏低"，11.33% 的选择"留住人才困难"，2% 选择"其他"。乡村人才建设
中缺乏有足够能力和社会责任感的带头人，村干部普遍对于新兴事物的接受
能力不高，光有办事经验，创新性严重不足。村里的一些优秀青年、高等院
校毕业生都不愿意留在农村，最主要的原因就是缺乏待遇保障，再加上农村
的工作环境较为艰苦，优秀人才资源基本流失在外，用人资源极度匮乏。

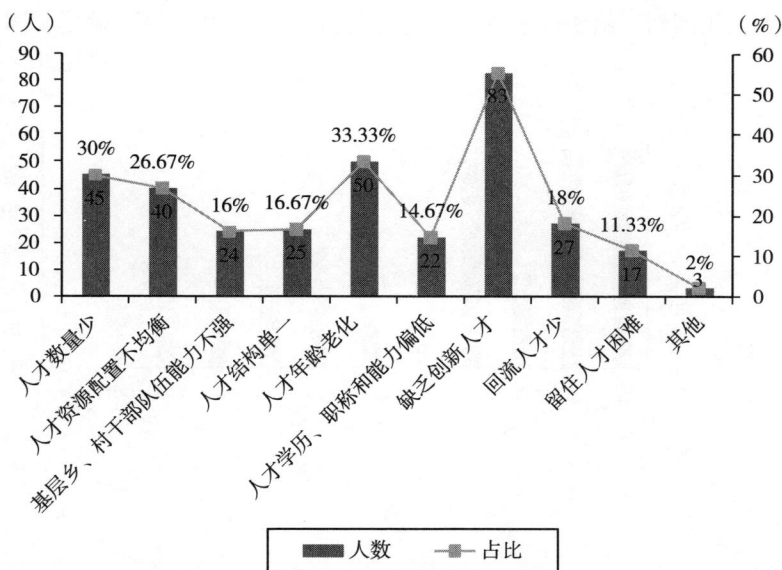

图 7 - 8　本地乡村人才队伍建设存在的问题

资料来源：根据调查数据整理。

（5）加大人才引进力度、加强对本土人才的培养和培训、搞好基础设施
建设才能更好地建设乡村人才队伍。如图 7 - 9 所示，在被问及怎样才能更好
地建设乡村人才队伍问题上，50% 的调查对象选择"加强对本土人才的培养
和培训"，48% 的选择"加大人才引进力度"，44.67% 的选择"搞好基础设
施建设"，26.67% 的选择"建立良好的人居环境"，18.67% 的选择"加大人
才队伍建设的资金投入"，16% 的选择"完善公共服务"，16.67% 的选择"提

高人才收入"，17.33%的选择"搭建创新创业平台"，14%的选择"健全乡村人才管理机制"，14%的选择"大力发展农民基层教育"，4%的选择"营造良好的舆论环境"。建设农村人才队伍，要从农村自身入手，选拔和培养有上进心以及有一定农村工作经验的年轻干部。农村干部积极争取项目和资金支持，加大对农民的培训和教育，积极开展农民培训，提高农民工素质。使用多个平台和多个渠道向农民提供生产和生活信息。进一步完善支持农民工回乡创业的优惠政策，为回乡的农民工、知识青年发展背景的农民工和离乡发家的"能人"提供风险投资支持，"点对点"帮助解决困难，充分发挥其技能。为创新型和创业型人才提供全方位、多层次、综合性、优质的服务，支持农村新型农业经营者大胆创新，给予优惠待遇，为他们创造良好的生存环境和发展空间。

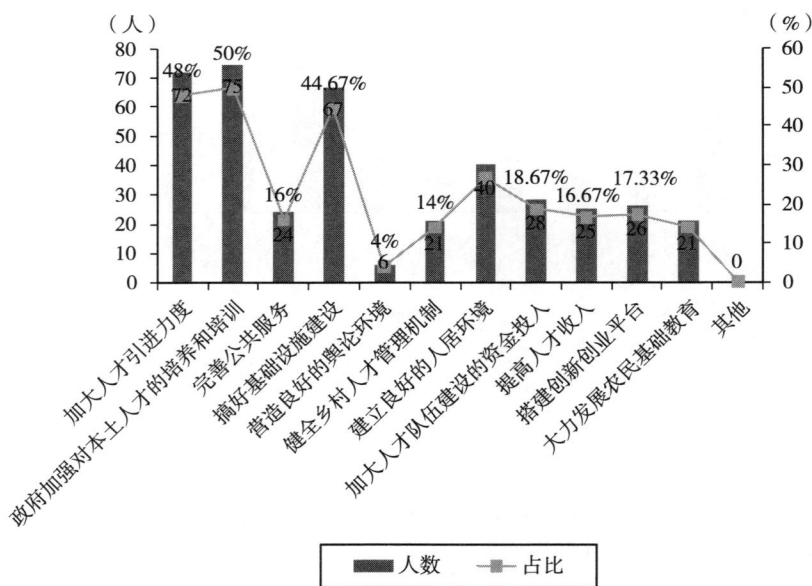

图 7 - 9　怎样才能更好地建设乡村人才队伍

资料来源：根据调查数据整理。

（6）实现乡村振兴，需要多方合力。如图 7 - 10 所示，在被问及本村要实现乡村振兴，主要依靠谁的问题上，54%的调查对象选择"国家政策的引导"，44.67%的选择"政府项目资金扶持"，34%的选择"村民自身的努力", 22%的选择"乡、村干部的积极工作", 14%的选择"村庄能人的带动", 15.33%的选择"企业和市场的带动"2%的选择"其他"。要更好地实现乡村振兴战略, 就要充分发挥国家政策的主导作用, 构建乡村振兴的战略体系。要认真落实中央的严格要求, 把保障要素配置、资源条件、公共服务、社会事业和人才队伍建设摆在农业和农村优先发展的位置, 这些都离不开政府的项目资金支持。因此, 必须建立和完善以农业和农村安全为重点的财政政策。要想扭转农村资金外流的趋势, 吸引金融资金流入农村, 就必须制定健全的财政支农政策, 激励与约束并重。只有尊重农民的意志, 才能更好地保护农村, 传承优秀的农村文化。因此, 实施乡村振兴战略要求村民们在村干部的积极带领下, 通过村民们自身的努力学习与建设, 才能真正改善与村民们生产、生活息息相关的环境。

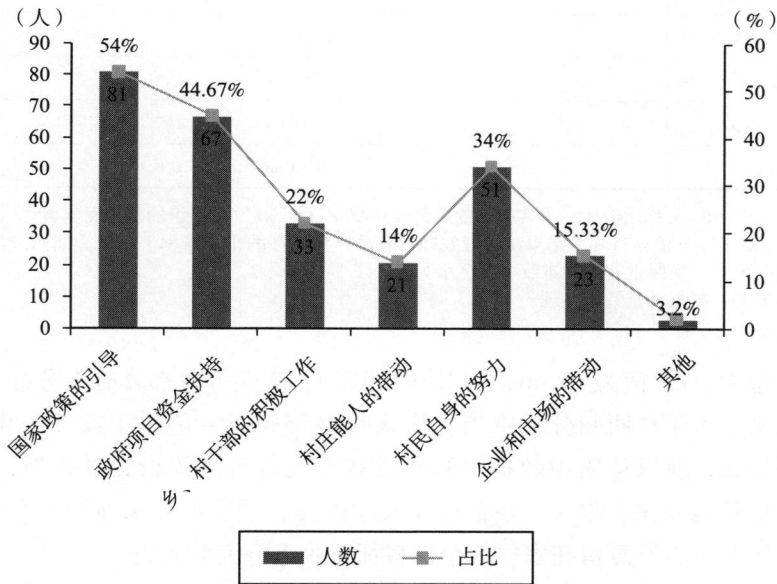

图 7 - 10 "乡村振兴"依靠谁

资料来源: 根据调查数据整理。

7.3.5 影响因素分析

在回归分析中, 本书构建定序 Logit 回归计量模型, 将可能影响居民长留农村的因素纳入模型中，其回归结果如表 7 – 15 所示。

表 7 – 15　　　　　　　　　　　愿意长留农村的回归分析

愿意长留农村	odds ratio	std. err	z	p > │z│	95% 置信区间
年龄	0.800	0.241	– 0.74	0.460	[0.443，1.445]
性别	0.958	0.380	– 0.11	0.915	[0.440，2.086]
受教育程度	1.592	0.311	2.38	0.017	[1.085，2.338]
宅基地面积	0.843	0.126	– 1.14	0.254	[0.629，1.130]
收入	1.026	0.018	1.46	0.144	[0.991，1.064]
存在人才流失	1.087	0.358	0.26	0.799	[0.571，2.073]
子女不在本地	0.726	0.313	– 0.74	0.459	[0.312，1.691]
幸福指数	3.008	1.014	3.27	0.001	[1.554，5.825]
样本级	149				
LR chi^2	28.46				
Prob > chi^2	0.0004				
Pseudo R^2	0.1068				

注：odds ratio 又称比值比，为实验组的事件发生概率（odds1）/对照组的事件发生概率（odds2）；std. err 是标准误；p 值是将观察结果认为有效即具有总体代表性的犯错概率。此外，回归分析中由于关键变量的缺失，实际上有效样本仅为 149 个。

资料来源：根据调查数据整理。

模型中，LR 值为 28.46，偏 R^2 = 0.1068，表明方程都具有十分显著的统计学意义。由于在回归分析中当置信区间为 95% 时 p 值小于或等于 0.05 表示结果显著，所以从表中数据可知除受教育程度与幸福指数显著外，年龄、性别、宅基地面积、收入、是否存在人才流失、子女不在本地均不存在显著影响，居民是否愿意留在农村与个体特征、收入等因素无关。

在具有显著影响的变量中，首先，受教育程度越高，居民越不愿意留在农村。受教育程度每增加 1 个单位，村民离开乡村的概率会增加 159.2%。其次，幸福指数越高，留在农村的意愿更高。当幸福指数增加 1 个单位时，居民长留农村的概率平均会提高 300.8%。由此可见，目前高知识分子回到农村发展的可能性比较小，如果能够提供更好的发展空间、更好的工作环境来提高村民留在农村的幸福指数，可能会对乡村发展具有推动作用。

第 8 章

乡村振兴的相关政策建议

8.1 人口市民化方面

（1）合理构建农业转移人口健康服务保障体系，持续增加医疗卫生基础设施投入力度。在人口红利逐渐消失的背景下，农业转移人口越来越成为城市发展的关键因素，中央应加强对医疗、养老、保险等服务的顶层设计，研究制定农业转移人口健康服务发展规划，加快建立健康医疗大数据共享平台与机制，并轨城乡居民养老保险，让医疗、社保等优惠政策真正落地，从而实现普惠性健康服务的目的。中央可以通过财政专项转移支付向地方政府给予一定资助，以保证地方政府持续增加对医疗卫生基础设施投入的动力，满足日益增长的健康消费需求。此外，还可多措并举普惠健康服务，如大力发展地方性健康新产业和新业态、充分发挥新闻媒体等传播中介的作用、开展健康教育宣传等。

（2）注重开展市民化后的融城教育项目，保障随迁子女平等享受义务教育权利。学历的提升对市民化存在较大影响，地方政府可以积极开展有利于农业转移人口融入城市的经济活动和文化娱乐活动，通过城乡居民的深度交流，帮助"农转非"户籍人口走出相对封闭的交往圈，进一步提升农业转移人口的融城能力。地方政府应制定并严格执行随迁子女接受教育的优惠政策，协调处理流出地和流入地的对口关系，实现"两免一补"的生均公用经费随人走的目标，为市民化意愿强烈的农业转移人口吃下"定心丸"。

（3）建立职业教育成本分担机制，提升农业转移人口专业职业技能。重视职业教育对农业转移人口市民化的促进作用，为解决职业教育的成本投入问题，地方政府应因地制宜探索建立职业院校、地方企业、社会组织、农户个人的职业教育成本分担机制，以减轻地方政府的财政压力。同时，充分发挥优质人口市民化的示范性作用，鼓励农业转移人口积极参加政府、企业、高校联合举办的职业技能培训，化解人力资本瓶颈，尽早解决个人能力与稳定职业之间匹配度不高的问题，从而让农业转移人口真正"扎根"城市实现市民化。

（4）因城施策加快推进人口市民化进程。地方政府应结合区域特色和自身定位因城施策开展市民化进程，具体而言，中、西部地区可侧重发挥市民化的社会效应，东部地区可侧重发挥市民化的经济效应；一线城市应重点关注是否建立居民健康档案和经济因素，二、三线城市应重点关注养老和教育问题，除此之外，婚姻因素也可以成为东部地区和三线城市的一个重要参考因素。

8.2　人口回流方面

（1）放宽劳动力回流的限制。对能带动本村发展、为本村剩余劳动力提供就业、能提高村民劳动报酬的返乡能人，地方政府可适当放宽回流限制，如：鼓励乡贤能人定期或依据需求返乡指导，将成功经验进行分享，带动村民共同富裕。同时，乡镇政府应流转农村闲置土地，提高土地资源的利用率，激活存量土地资产，为其提供可利用的土地和人力资源，市、区级政府可按照各村返乡能人所带回的项目、资金和技术进行评估，根据实际情况放宽对其使用土地的合理权限。

（2）营造农村生态宜居环境。一方面，持续改善农村人居环境，着力改造村容村貌，建设美丽宜居乡村。另一方面，加大财政投入力度，全面提升公共服务水平，改善公共基础设施。此外，对于回流劳动力应多给予人文关怀，定期在村庄组织文化娱乐活动，从多渠道提升回流劳动力在乡村的居民幸福感。

（3）积极探索乡村产业发展的新模式。吸引人才回流不能仅依靠增加收入，更重要的是给回流的人才提供一个具有发展前景的空间，各地方政府应借鉴和学习发展较好的乡村经验，推进农村一、三产业融合发展，增强返乡能人在市场投资兴业的积极性，建立完善"政府搭台引领 + 返乡能人参与创业"的合作共赢运作模式，并在政策上给予返乡创业人员融资支持。

8.3　房价调控方面

（1）购房政策上，加大对住房刚需群体的优惠力度，严控投资性住房消费。对住房刚性需求的群体购买首套住房时，应加大对其适龄群体的购房补贴力度，一方面可参考现有较为成功的做法，如住房公积金贷款倾斜、购置税减免等；另一方面创新政策制度，如首付款比例与劳动合同年限的挂钩机制等。同时，大力推进房产税改革试点项目，抑制住房投资性需求，加快推进房产信息全国联网，尽快出台相关政策实施办法，对拥有多套住房的群体征收房产税，降低其房产"保值""升值"的心理预期。

（2）就业收入上，规范劳动力市场，保障劳动者合法收入。在国民经济三大支柱产业中，服务业是提供就业岗位最多的行业，但也是劳动力市场最不规范的行业，特别是对住房公积金缴纳的比例，企事业单位通常与私营企业存在着较大的差异，地方政府应尽早出台文件加大对私营企业的监管，缩小不同行业之间住房公积金缴存的差距，规范劳动力市场，保障劳动者的合法收入，提升其对职业的稳定感和主观幸福感。

（3）教育培训上，以提高就业者的职业技能为导向，鼓励并支持劳动者自主创业。教育培训是人力资本提升的一个重要因素，地方政策在对行业协会、劳动力市场充分调研的基础上，应充分借助大数据等技术手段，对本地劳动力市场的供需状况进行归纳总结，针对企业所"需"、劳动力所"想"，以提高劳动者的"技能"为导向，与企业、地方院校积极开展合作，定期对企业员工、未及时就业者开展职业技能培训和创新创业培训，鼓励大众创业、万众创新，帮助具有可行性的项目入驻产业孵化基地，并给予一定程度上的金融扶持。

（4）消费观念上，积极引导年轻劳动力树立正确合理的住房消费观。地方政府可加大对住房消费的教育宣传，消除居民观念上的"亚健康"，养成定期缴纳公积金或住房储蓄的良性行为。此外，还可加大对住房购置的心理健康教育，引导流动人口按需购置住宅，购买住房应避免心理误区对自己的误导，树立健康、文明的住房消费心理。

8.4　财政转移支付方面

（1）应尽快实施与农业转移人口挂钩的财政转移支付动态调整机制，调动地方政府推进市民化的积极性。

（2）发展地方经济，增加财政收入，公共服务外溢的城市应重视产业结构优化升级，重点扶持适合在本地发展的高新技术产业，部分劳动密集型产业可向劳动财富外溢的城市转移。劳动财富外溢的城市也可依托区域特色大力发展生物医疗、新能源制造、节能环保等新兴战略产业。

（3）增强城市对人口的吸引力，鼓励外出务工人员返乡就业，深入挖掘城市发展潜力，对于户籍地为本地的劳动力应提供更多就业机会，通过无偿或低偿的职业和文化培训提升返乡农民工的技能及社会融入程度，保障收入水平不远低于外出务工的薪酬，加快社会融入的步伐。

（4）建立健全社会保障机制，加快推进公共服务对象的均等化，保障农业转移人口及随迁子女能够享受当地教育、医疗和社会保障，让农业转移人口能够真正享受"市民化"的待遇和保障，从而实现农业转移人口市民化加快推进的目标。

8.5　生态文明建设方面

（1）因域施策减少生态赤字。合理规划地方耕地红线，尝试将农村闲置土地进行流转，发展耕地的规模经济以最大限度地提高单位面积产出；放缓退耕还林速度，合理控制生态公益林面积。各区域还应根据本地生态承载力和生态赤字的实际情况，制订差异化的生态文明建设方案，从根源上减少生态赤字，提高土地的生态承载力，提升城市对人口的吸附力。

（2）多措并举健全补偿机制。在国家层面上尽快出台成熟完备的生态补偿法律制度，明确"谁保护，谁受偿；谁受益，谁补偿"的补偿原则，解决谁来补、补给谁、补什么、怎么补的问题，对区际生态补偿措施给予制度保障。同时，也应明确中央和地方政府在生态补偿中应承担什么样的责任，以确保资金的顺利到位。

（3）开源节流加大补偿力度。在现有生态补偿的标准上加大补偿力度、扩大补偿范围。多渠道拓展生态补偿资金来源，尝试建立区域生态补偿专项基金，加强财政专项资金管理，切实做到专款专用。

8.6 区域发展方面

8.6.1 产业方面

（1）坚持统筹规划，发挥比较优势，选准优势产业。可以大力发展文化体验旅游、饮食旅游、民宿旅游、乡村婚恋旅游等体验式旅游项目，开发特色乡村旅游产品。主动对接区域休闲旅游市场，突出乡村特色产业乡村旅游特色，提升各类园区功能，加快推进休闲旅游示范点建设与现有农家乐休闲旅游示范村转型升级，实现乡村旅游产业化、精品化发展，打造具有乡村产业特色的旅游产业集群。

（2）促进综合发展，延伸产业链。巩固基础设施，增强园区在基础设施建设中的地位。充分发挥品牌效应，增强"本土制造"的魅力和利益，突出城市的文化底蕴，满足人们日益多样化和独特的市场需求。培育农村环保产业，顺应农村民众生活社区化发展趋势，做好农村生活垃圾、畜禽粪便、农作物秸秆等生物质资源农村环保产业创新发展。积极发展适合当地特色的农产品加工业，延伸农产品产业链、就业链和效益链。建设分工明确、优势互补、风险共享、利益共享的农业产业化园区。

（3）创新发展机制。一是要创新特色产业。也就是要依据一个乡村特色的自然资源禀赋与人文资源特色，面向特定市场，通过产业资源的配置来创建。依据乡村特色产业发展的要求，实现资源多元化发展。注重手段与技术的创新。走多元素融合，多产业相"＋"之路，以融合创新推动特色产业资源创新。形成产业性、产品性及公共性质资源的有机衔接，以优质的乡村资源支撑乡村特色产业的发展。二是形成特色产品。打造农村品牌，坚持特色产品是面向特定市场的服务定位，是形成乡村特色最直接的形式与内容，是乡村发展的价值形式。三是要创新特色服务。要依据市场定位，以创造消费者自我服务的平台为抓手，实施数字农村特色产业发展战略，进一步推进"互联网＋特色产业"，支持优质品牌入驻电商、微商平台销售。

（4）以产业融合和村民企业融合为方向，充分发挥农业、工业、服务业和旅游业的联动优势。通过土地流转、产业发展和当地就业等方式来提高农业生产效率，不断释放民营企业的活力。同时，还应严格准入条件，加强对参与乡村振兴战略的民营企业的监督管理，要求民营企业遵循农村建设的有关规划要求，明确经营建设方向，严格项目审查和建设用地审查，尤其是要始终掌握土地所有权的集体控制权，以防止变相的圈地行为发生。

8.6.2　人口方面

（1）加强农民综合认知教育，提高文化水平。政府全面实施各种优惠扶持政策，对农民工开放合理的信息推送、问答和反馈指导，吸引年轻的农民工逐步返乡。加大对农村农业的支持，实行土地流转制度，增加土地流转户的收入，使承包经营者的收入不断增加，走"互联网＋生态农业"、农业产业化和农业机械化之路，培训新型农民，发展配套政策法规促进农民增收。

（2）加大财政支持力度，增强农村基础设施建设的积极性。地方政府可以逐年加大对农村基础设施建设的投入和支持力度，更加重视和支持农村基础设施建设，加强引导，继续激发和调动有关部门的建设积极性。村落实行倾斜政策，对相对落后的村落给予重点支持，抓好生活垃圾处理，科学规划农村行政部门，推进农村信息网络设施建设，改善全村生活环境。

（3）促进农村养老服务设施建设，向留守在农村的老年人提供低成本的护理服务。加快现有农村互助幸福院的改造和升级，提供就近、便捷的日托服务或为农村老年人特别是经济困难的老年人和残疾人提供互助养老金。建立健全农村社会救助制度、农村家庭养老服务社会化制度、事业单位养老金制度、农村老年人医疗保障制度等。

8.6.3　教育方面

（1）建立稳定的经费筹资机制。增加资金投入，缩小城乡差距，根据每所学校的实际情况，拨出相应资金，为学校配备基础教育设施。严格后期监管，确保资金用于学校基础设施建设和教学设施配置；同时，争取社会各界的大力帮助，鼓励群众捐赠教学仪器设备，形成全社会尊师重教的氛围，不断改善办学条件。

（2）改革人事制度，加强师资队伍建设。增加创收并改善教师待遇。积极呼吁社会，寻求社会各界的支持，大力发展校办企业，增加农村教师的收入。加大宣传工作，加强师德教育，通过鉴定认可、事迹宣传等方式，引导教师需求水平向更高的精神水平发展，促进教师的敬业精神和职业素养。鼓励教师参加正规培训，提高农村教师的资格，使农村教师能够迅速接受新知识、新信息和新教学方法，以适应对社会发展的需要。

（3）改变家庭观念，体现关心交流。在外打工要经常通过电话与家里联系，及时了解家里与孩子的情况，针对问题提出建议，让孩子们感受到家长对他们的关心。学校还应为留守儿童开展心理健康保护工作，定期上门拜访，向监护人汇报交流想法，同时与外出的家长进行沟通，建立家庭学校联络日，并让孩子每月定期与父母通过学校多媒体设备进行沟通。要展示出新时代教师的人文关怀，家庭和学校需要共同努力，为儿童的健康成长提供最大的关怀和支持。

8.6.4　医疗方面

（1）政府增大对医疗卫生系统建设的投资。为了减轻医院的负担，必须为农村医疗机构的建设提供资金，用来购买和维修设备等。建立健全与医院功能相适应的基础医疗设备和设施的投入机制，确保患者基本医疗需求的实现。

（2）加快卫生人员培训并取得进展。振兴人才队伍，鼓励更多的医学毕业生为乡村基层服务；加强在职培训，系统地选拔专业技术人员继续深造，参加培训和学术交流；提高医务人员的工资水平，减少医务人才的流失，并增加对新医疗服务、新技术和医学研究的支持。

（3）加强卫生行业监管，规范内部管理，减少医患纠纷。认真解决危害群众利益的突出问题，努力建立和谐的医患关系，树立行业新形象。认真探索建立医疗质量管理控制体系，建立稳定的社会医疗救助制度，并实行医疗质量安全监督体系，形成患者投诉处理和医疗纠纷调解机制。

8.7 大学生返乡方面

（1）大力实施乡村振兴战略中积极推动乡村社会保障建设。地方政府在实施乡村振兴战略中要建立健全发展体制和政策体系，积极推动社会建设，提供夯实的社会保障。一方面，持续改善乡村各项基础设施，建设美丽乡村；另一方面，不断完善医疗、教育等保障措施。此外，对于返乡的大学生给予更多的人文关怀，增强大学生的留乡意愿。

（2）贯彻落实人才返乡创业政策。地方政府可以设立专门的乡村创业部门，下达更加清晰明了的文件，加强舆论引导，并安排专业人员指导，切实关注返乡创业情况，落实创业资金扶持计划，增强大学生返乡创业的积极性，积极培育和留住"乡土人才"。

（3）探索乡村发展新路径，推动乡村振兴战略实施。地方政府在保证乡村收入稳步增长的同时，要关注返乡大学生的需求，切实将返乡大学生知识技能落实到乡村发展中，建立乡村振兴与能人返乡发展共同实现的新模式，发挥能人带动作用，推进乡村振兴。

（4）增强大学生的责任感和使命感。学校可利用寒暑假时间，鼓励学生在家乡进行实地调研，走访邻近的村庄，发现困扰百姓的生活问题，唤起学生内心的乡土情怀和责任心，进而提升返乡的主观能动性。

附录1　常德市人才返乡的调查问卷

地址码：□□□□□□　制表机关：湖南文理学院

样本码：□□□□　有　效　期：2019 年 4 月 1 日至 2019 年 5 月 30 日

同志：

　　您好！欢迎您参加本次民意调查。我是湖南文理学院的工作人员。此调查问卷是为了了解乡村振兴战略实施过程中人才队伍建设情况，您的回答对国家实施乡村振兴战略及乡村人才队伍建设具有重要意义，您完全可按照自己的看法作出客观评价。

　　本问卷不记单位和姓名，您填报的所有信息和意见，我们将严格保密，感谢您的合作！

湖南文理学院

二〇一九年四月

一、基本情况

1. 您的年龄（周岁）（　　　）。

①18～30 岁　　②31～45 岁　　③46～60 岁　　④61 岁以上

2. 您的性别（　　　）。

①男　　　　　②女

3. 您的身份（　　　）。

①乡镇干部　　②村干部　　　③农村居民

④其他（请注明）_____

4. 您的身体状况（　　　）。

①非常好　　　②比较好　　　③一般　　　④不太好

⑤很不好

5. 您的政治面貌（　　）。

①党员　　　　　　②民主党派　　　③无党派

6. 您的文化程度（　　）。

①小学及以下　　②初中　　　　　③高中　　　　　④大学专科

⑤大学本科　　　⑥研究生及以上

7. 您的主要收入来源（　　）。

①固定单位上班　②种植农作物　　③居住地附近干副业

④外出务工　　　⑤个体经营　　　⑥其他（请注明）_____

8. 您家的宅基地面积有多大（　　）。

①90 平方米及以下　　　　　　②90～100 平方米

③100～120 平方米　　　　　　④120～140 平方米

⑤140 平方米及以上

9. 过去一年，您家平均每月总收入（税后）为多少？_____（如被访者不回答上述金额问题，请询问金额范围后填写大概数额）。

二、问卷部分

（一）乡村振兴

10. 您是否了解"乡村振兴战略"？（　　）

①很了解　　　　②比较了解　　　③知道一点　　④没听说过

11. 您是否关注"乡村振兴"的有关新闻或政策？（　　）

①非常关注　　　②比较关注　　　③一般　　　　④不太关注

⑤很不关注

12. 您对于国家提出的"乡村振兴战略"认同吗？（　　）

①非常认同　　　②比较认同　　　③一般　　　　④不太认同

⑤很不认同

13. 您对本村实现乡村振兴的信心如何？（　　）

①信心很大　　　②信心较大　　　③一般　　　　④信心很小

⑤没有信心

14. 您是否愿意参与到本村的乡村振兴工作中来？（　　）

①非常愿意　　　②比较愿意　　　③一般　　　　④不太愿意

⑤很不愿意

15. 您认为在乡村振兴发展过程中的突出矛盾是什么？（   ）（最多选3项）

①土地流转不规范　　　　　　②管理模式单一化

③人才缺失　　　　　　　　　④政策倾向性不足

⑤部分村民不理解政府决策　　⑥需求落后于生产

⑦村庄管理无序　　　　　　　⑧基础设施建设落后

⑨乡村干部与群众间的矛盾　　⑩其他_____

（二）人才队伍建设

16. 您认为乡村振兴战略实施过程中人才的作用如何？（   ）

①非常重要　　②比较重要　　③一般　　　　④不太重要

⑤很不重要

17. 您认为乡村振兴战略实施过程中哪种人才最重要？（   ）（最多选3项）

①职业农民　　②农业专家　　③基层乡镇政府领导人才

④优秀村干部　⑤经营管理人才　⑥产业带头人

⑦返乡创业人才　⑧技术人才　⑨教育、医疗等公共服务人才

⑩其他_____

18、您认为本地乡村人才队伍建设情况如何？（   ）

①非常好　　　②比较好　　　③一般　　　　④不太好

⑤很不好

19. 您认为本地乡村人才队伍建设存在哪些问题？（   ）（最多选3项）

①人才数量少　　　　　　　②人才资源配置不均衡

③基层乡、村干部队伍能力不强　　④人才结构单一

⑤人才年龄老化　　　　　　⑥人才学历、职称和能力偏低

⑦缺乏创新人才　　　　　　⑧回流人才少

⑨留住人才困难　　　　　　⑩其他_____

20. 您认为怎样才能更好地建设乡村人才队伍？（   ）（最多选3项）

①加大人才引进力度　　　　②政府加强对本土人才的培养和培训

③完善公共服务　　　　　　④搞好基础设施建设

⑤营造良好的舆论环境　　　⑥健全乡村人才管理机制

⑦建立良好的人居环境　　　　⑧加大人才队伍建设的资金投入

⑨提高人才收入　　　　　　　⑩搭建创新创业平台

⑪大力发展农民基层教育　　　⑫其他_____

（三）能人回乡

21. 您认为外流人才返乡创业能够促进乡村振兴吗？（　　　）

①非常赞同　　　　②比较赞同　　　　③一般　　　　④不太赞同

⑤很不赞同

22. 您当地经济发展过程中的人才来源是？（　　　）

①当地技术型人才　　　　　　②引进的人才

③务工返乡人才　　　　　　　④返乡大学生

⑤政府分配的技术员　　　　　⑥政府培训的人才

⑦其他_____

23. 您所在当地农村是否存在人才流失问题？（　　　）

①普遍存在，且很严重　　　　②存在，但规模不大

③不存在此现象

24. 您的子女是否因外出务工等原因长期不在本地？（　　　）

①是　　　　　　　②否（跳转至第27题）

25. 您的子女是否有返乡意愿？（　　　）

①非常愿意　　　　②比较愿意　　　　③一般　　　　④不太愿意

⑤很不愿意

26. 您是否愿意劝说子女返乡？（　　　）

①非常愿意　　　　②比较愿意　　　　③一般　　　　④不太愿意

⑤很不愿意

27. 您今后是否愿意长期留在本地？（　　　）

①非常愿意　　　　②比较愿意　　　　③一般　　　　④不太愿意

⑤很不愿意

28. 您对现有生活状况的各个方面是否满意？（请在表格中打钩"√"）

生活方面	非常满意	比较满意	一般	不太满意	很不满意
工资待遇					
就业机会					
教育培训					
医疗保险					
交通运输					
生活环境					
人际关系					

29. 您觉得目前生活在农村的幸福指数怎么样？（　　　）

①非常幸福　　　　②比较幸福　　　　③一般　　　　　④不太幸福

⑤很不幸福。请说明原因_____

（四）政策建议

30. 您认为本村要实现乡村振兴，主要依靠谁？（　　　）

①国家政策的引导　　　　　　②政府项目资金扶持

③乡、村干部的积极工作　　　④村庄能人的带动

⑤村民自身的努力　　　　　　⑥企业和市场的带动

⑦其他_____

31. 您认为本村在推进乡村振兴工作中最需要什么？（　　　）

①人才（包括干部队伍、致富能手等）②资金

③技术　　　　　　　　　　　④产业项目

⑤好的政策　　　　　　　　　⑥村民的参与

⑦其他_____

32. 您对实施乡村振兴战略及发展乡村人才队伍还有什么好的建议？___

附录2　农村户籍大学生返乡意愿的调查问卷

地址码：□□□□□□　　制表机关：湖南文理学院/湖南农村调查中心

样本码：□□□□　　有　效　期：2019 年 7 月 1 日至 2019 年 9 月 1 日

同志：

　　您好！欢迎您参加本次民意调查。我是湖南文理学院/湖南农村调查中心的工作人员。此调查问卷是为了了解农村户籍大学生返乡意愿的情况，您的回答对国家实施乡村振兴战略及乡村人才队伍建设具有重要意义，您完全可按照自己的看法作出客观评价。

　　本问卷不记单位和姓名，您填报的所有信息和意见，我们将严格保密，感谢您的合作！

湖南文理学院/湖南农村调查中心

二〇一九年七月

---

1. 您是否了解当地大学生返乡情况？（　　　）

①家中有大学生，很了解情况　　　②比较了解情况

③不清楚（结束本专题）

2. 当地返乡大学生群体以（　　　）性为主。

①男　　　　　　②女

3. 返乡大学生就读院校大多属（　　　）。

①本科　　　　　　②专科

4. 大学生返乡后主要从事于（　　　）。

①农业　　　　　②工业　　　　　③服务业　　　　④村干部

⑤自主创业

5. 本地是否出台了有关于吸引和鼓励大学生返乡的政策（　　　）。

①是　　　　　　　　　②否（跳转至第 7 题）

6. 鼓励政策包括（　　　）。（可多选）

①一次性创业补贴　　　　　　　②减税政策

③政府担保贷款　　　　　　　　④厂房地租减免

⑤政府对大学生创业进行融资　　⑥开展创业知识和技能培训

7. 您认为大学生返乡的主要原因是（　　　）。

①投身建设家乡　　　　　　　　②城市就业压力大

③有家人需要照顾　　　　　　　④其他原因

8. 您觉得大学生返乡将面临（　　　）的问题。（最多选 3 项）

①交通不便，不利于与外界沟通　②资源匮乏，发展困难

③劳动力短缺，农村活力不足　　④气候天气条件限制

⑤经济贫困

9. 您觉得当地能吸引大学生的优势主要在于（　　　）。

①有政策优惠或社会扶持　　　　②当地有特色产业

③当地资源丰富，发展前景大

10. 大学生返乡过程中您会给予一些支持吗?（　　　）。

①会　　　　　　　②不会（跳转至第 12 题）

11. 如果支持，您支持的原因是?（　　　）（最多选 3 项）

①带动乡村经济发展　　　　　　②给乡村带来更多活力

③增加居民幸福感　　　　　　　④完善乡村基础设施和公共服务

⑤新增村庄产业，创造多个劳动力岗位

12. 您不支持的原因是?（　　　）（可多选）

①太年轻没有经验　　　　　　　②比较冒进不利于乡村发展

③对乡村具体情况不了解

参考文献

中文部分

［1］安宝晟，程国栋. 西藏生态足迹与承载力动态分析［J］. 生态学报，2014，34（4）：1002－1009.

［2］安虎森，叶金珍. 房价对幸福感的影响及其作用机制［J］. 贵州社会科学，2018（4）：109－116.

［3］白南生，何宇鹏. 回乡，还是外出？：安徽四川二省农村外出劳动力回流研究［J］. 社会学研究，2002（3）：64－78.

［4］白南生，李靖. 城市化与中国农村劳动力流动问题研究［J］. 中国人口科学，2008（4）：2－10，95.

［5］包正君，赵和生. 基于生态足迹模型的城市适度人口规模研究：以南京为例［J］. 华中科技大学学报（城市科学版），2009，26（2）：84－89.

［6］蔡海生，肖复明，张学玲. 基于生态足迹变化的鄱阳湖自然保护区生态补偿定量分析［J］. 长江流域资源与环境，2010，19（6）：623－627.

［7］曹新向. 旅游地生态安全评价模型及实证研究：基于生态足迹模型的分析［J］. 经济地理，2006（6）：1062－1066.

［8］常进雄，朱帆，董非. 劳动力转移就业对经济增长、投资率及劳动收入份额的影响［J］. 世界经济，2019，42（7）：24－45.

［9］常雪，苏群，周春芳. 房价、住房支付能力与刑事犯罪：基于中国省级面板数据的实证分析［J］. 上海财经大学学报，2018，20（1）：72－86.

［10］陈斌开，杨汝岱. 土地供给、住房价格与中国城镇居民储蓄［J］. 经济

研究，2013，48（1）：110 – 122.

[11] 陈兵，王文川. 农业产业化经营发展对农村回流劳动力就业的促进作用：基于成都和郑州两村的实证分析 [J]. 学术交流，2010（1）：90 – 93.

[12] 陈健，高波. 收入差距、房价与消费变动：基于面板数据联立方程模型的分析 [J]. 上海经济研究，2012，24（2）：53 – 62.

[13] 陈金泉，王海仓，陈云辉. 生态足迹视角下区域适度人口容量预测：以赣州市为例 [J]. 江西理工大学学报，2017，38（1）：37 – 42.

[14] 陈强. 高级计量经济学及 Stata 应用 [M]. 北京：高等教育出版社，2014.

[15] 陈帅，张海鹏. 金融危机对中国农村劳动力非农就业的冲击：基于面板双重倍差模型的实证分析 [J]. 中国农村经济，2012（8）：28 – 37，45.

[16] 陈锡文. 我国城镇化进程中的"三农"问题 [J]. 国家行政学院学报，2012（06）：4 – 11，78.

[17] 陈彦斌，邱哲圣. 高房价如何影响居民储蓄率和财产不平等 [J]. 经济研究，2011，46（10）：25 – 38.

[18] 楚尔鸣，何鑫. 不同城市的房价是否具有相同的人口集聚效应：基于35 个大中城市 PVAR 模型的实证分析 [J]. 统计与信息论坛，2016，31（3）：81 – 89.

[19] 崔维军，周飞雪，徐常萍. 中国重化工业生态足迹估算方法研究 [J]. 中国人口·资源与环境，2010，20（8）：137 – 141.

[20] 戴卫东，孔庆洋. 农村劳动力转移就业对农村养老保障的双重效应分析：基于安徽省农村劳动力转移就业状况的调查 [J]. 中国农村经济，2005（1）：40 – 50.

[21] 戴颖杰，周奎省. 房价变动对居民消费行为影响的实证分析 [J]. 宏观经济研究，2012（3）：73 – 79.

[22] 邸加萍，李玉江. 区域农村剩余劳动力转移模式与非均衡度比较研究 [J]. 中国人口·资源与环境，2008（5）：189 – 193.

[23] 丁攀，胡宗义. 股价与房价波动对居民消费影响的动态研究 [J]. 统计与决策，2008（15）：106 – 108.

[24] 董海军，肖盟. 房价压力下城市青年的行为选择与公共管理 [J]. 中国

青年研究，2008（5）：65 - 68.

[25] 董立民，王立峰. 中国农村剩余劳动力转移面临的新挑战 [J]. 农业经济问题，2003（8）：70 - 73.

[26] 杜莉，沈建光，潘春阳. 房价上升对城镇居民平均消费倾向的影响：基于上海市入户调查数据的实证研究 [J]. 金融研究，2013（3）：44 - 57.

[27] 段忠东. 房价变动对居民消费影响的门限测度：基于中国 35 个大中城市的实证研究 [J]. 经济科学，2014（4）：27 - 38.

[28] 范子英，胡贤敏. 未预期的收入冲击与离婚：来自住房市场的证据 [J]. 华中科技大学学报（社会科学版），2015，29（1）：110 - 117.

[29] 方超，黄斌. 本地务工与外出务工劳动力的工资差异：兼论迁移对教育回报率的影响 [J]. 教育经济评论，2020，5（5）：107 - 128.

[30] 方恺，Heijungs Reinout. 自然资本核算的生态足迹三维模型研究进展 [J]. 地理科学进展，2012，31（12）：1700 - 1707.

[31] 方永丽，胡雪萍. 农业转移人口市民化进程中的"推力 - 拉力"分析 [J]. 中国农业资源与区划，2017，38（8）：169 - 175，182.

[32] 冯俏彬. 构建农民工市民化成本的合理分担机制 [J]. 中国财政，2013（13）：63 - 64.

[33] 甘宇. 农民工家庭的返乡定居意愿：来自 574 个家庭的经验证据 [J]. 人口与经济，2015（3）：68 - 76.

[34] 高波，王辉龙. 长三角房地产价格波动与居民消费的实证分析 [J]. 产业经济研究，2011（1）：1 - 10.

[35] 官盛男，张玉坤，张睿，郑婕. 基于打破"空间互斥性"假设的既有城市生态足迹分析研究 [J]. 城市发展研究，2018，25（1）：7 - 14.

[36] 龚晓莺，王朝科. "三农"问题形成原因探讨：基于劳动力流动的分析视角 [J]. 经济问题，2007（12）：81 - 83.

[37] 辜胜阻，李睿，曹誉波. 中国农民工市民化的二维路径选择：以户籍改革为视角 [J]. 中国人口科学，2014（5）：2 - 10，126.

[38] 辜胜阻，孙祥栋，刘江日. 推进产业和劳动力"双转移"的战略思考 [J]. 人口研究，2013，37（3）：3 - 10.

[39] 顾晓薇，王青，刘建兴，李广军. 基于"国家公顷"计算城市生态足迹的新方法 [J]. 东北大学学报，2005（4）：295 - 298.

[40] 韩民春，冯钟. 房价上涨对人口城市化的影响：基于房价收入比门槛效应的分析 [J]. 城市问题，2017 (5)：98 – 103.

[41] 郝枫，郭荷. 我国劳动力流动抑制代际传承的理论逻辑与经验检验 [J]. 中央财经大学学报，2019 (2)：85 – 97.

[42] 何洁，王灏晨，郑晓瑛. 高校科技人才流动意愿现况及相关因素分析 [J]. 人口与发展，2014，20 (3)：24 – 32，42.

[43] 何鑫，楚尔鸣. 金融发展、人口流动联合视角下的房价空间异质性研究 [M]. 北京：经济科学出版社，2018.

[44] 何鑫，田丽慧，毛凌琳. 生态足迹模型下的人口适度规模研究：以常德市为例 [J]. 中国农业资源与区划，2019，40 (4)：54 – 64.

[45] 何一鸣，罗必良，高少慧. 农业转移人口的市民化：基于制度供求视角的实证分析 [J]. 经济评论，2014 (5)：38 – 48.

[46] 贺成龙，吴建华，刘文莉. 水泥生态足迹计算方法 [J]. 生态学报，2009，29 (7)：3549 – 3558.

[47] 胡安宁. 应用统计因果推断 [M]. 上海：复旦大学出版社，2020.

[48] 胡枫，史宇鹏. 农民工回流的选择性与非农就业：来自湖北的证据 [J]. 人口学刊，2013，35 (2)：71 – 80.

[49] 胡静，黎东升. 货币、房价与我国居民消费支出区制关联性的实证 [J]. 统计与决策，2018，34 (11)：144 – 148.

[50] 胡俊波. 职业经历、区域环境与农民工返乡创业意愿：基于四川省的混合横截面数据 [J]. 农村经济，2015 (7)：111 – 115.

[51] 黄海，刘长城，陈春. 基于生态足迹的土地生态安全评价研究 [J]. 水土保持研究，2013，20 (1)：193 – 196，201.

[52] 黄季焜，陈丘. 农村发展的国际经验及其对我国乡村振兴的启示 [J]. 农林经济管理学报，2019，18 (6)：709 – 716.

[53] 黄锟. 城乡二元制度对农民工市民化影响的理论分析 [J]. 统计与决策，2011 (22)：82 – 85.

[54] 黄鹏，石荣丽. 论我国农村剩余劳动力转移与农业发展 [J]. 华中农业大学学报 (社会科学版)，2001 (1)：7 – 9.

[55] 贾男，马俊龙. 非携带式医保对农村劳动力流动的锁定效应研究 [J]. 管理世界，2015 (9)：82 – 91.

[56] 江求川，张克中. 宗教信仰影响老年人健康吗？[J]. 世界经济文汇，2013（5）：85-106.

[57] 江永红，陈枭楠，张彬. 房价上涨、区域差异与异质性劳动力流动 [J]. 华东经济管理，2018，32（7）：87-92.

[58] 金沙. 农村外出劳动力回流决策的推拉模型分析 [J]. 统计与决策，2009（9）：64-66.

[59] 景晓芬，马凤鸣. 生命历程视角下农民工留城与返乡意愿研究：基于重庆和珠三角地区的调查 [J]. 人口与经济，2012（3）：57-64.

[60] 鞠方，雷雨亮，周建军. 房价波动、收入水平对住房消费的影响：基于 SYS-GMM 估计方法的区域差异分析 [J]. 管理科学学报，2017，20（2）：32-42.

[61] 孔艳芳. 房价、消费能力与人口城镇化缺口研究 [J]. 中国人口科学，2015（5）：33-44，126-127.

[62] 匡远凤. 人力资本、乡村要素流动与农民工回乡创业意愿：基于熊彼特创新视角的研究 [J]. 经济管理，2018，40（1）：38-55.

[63] 况伟大. 房价变动与中国城市居民消费 [J]. 世界经济，2011，34（10）：21-34.

[64] 李超，张超. 高房价收入比形成原因及对中国城市人口集聚的影响：理论与实证 [J]. 华南师范大学学报（社会科学版），2015（1）：116-123，191.

[65] 李春风，刘建江，陈先意. 房价上涨对我国城镇居民消费的挤出效应研究 [J]. 统计研究，2014，31（12）：32-40.

[66] 李剑，臧旭恒. 住房价格波动与中国城镇居民消费行为：基于2004—2011年省际动态面板数据的分析 [J]. 南开经济研究，2015（1）：89-101.

[67] 李剑. 住房资产、价格波动与我国城镇居民消费行为：基于传导渠道的分析 [J]. 财经研究，2015，41（8）：90-104.

[68] 李强，龙文进. 农民工留城与返乡意愿的影响因素分析 [J]. 中国农村经济，2009（2）：46-54，66.

[69] 李祥，李勇刚. 人口抚养比、房价波动与居民消费：基于面板数据联立方程模型 [J]. 经济与管理研究，2013（1）：35-41，68.

[70] 李雪松,黄彦彦.房价上涨、多套房决策与中国城镇居民储蓄率[J].经济研究,2015,50(9):100-113.

[71] 李郇,殷江滨.劳动力回流:小城镇发展的新动力[J].城市规划学刊,2012(2):47-53.

[72] 李勇刚,李祥,高波.房价上涨对居民生育行为的影响研究[J].湖南师范大学社会科学学报,2012,41(6):99-103.

[73] 林江,周少君,魏万青.城市房价、住房产权与主观幸福感[J].财贸经济,2012(5):114-120.

[74] 刘根荣.阻力模型:农村剩余劳动力逆向流动的微观经济学分析[J].经济评论,2006(6):68-73.

[75] 刘美玉.创业动机、创业资源与创业模式:基于新生代农民工创业的实证研究[J].宏观经济研究,2013(5):62-70.

[76] 刘西川.实证论文写作八讲[M].北京:北京大学出版社,2020.

[77] 刘晓丽,潘方卉.农产品价格、农村劳动力转移与农民收入:基于PVAR模型的实证分析[J].经济问题,2019(1):99-107.

[78] 刘晓昀.农村劳动力流动对农村居民健康的影响[J].中国农村经济,2010(9):76-81,96.

[79] 刘志伟.城市房价、劳动力流动与第三产业发展:基于全国性面板数据的实证分析[J].经济问题,2013(8):44-47,72.

[80] 卢新海,柯善淦.基于生态足迹模型的区域水资源生态补偿量化模型构建:以长江流域为例[J].长江流域资源与环境,2016,25(2):334-341.

[81] 罗凯.打工经历与职业转换和创业参与[J].世界经济,2009(6):77-87.

[82] 罗明忠,陶志.农村劳动力转移就业能力对其就业质量影响实证分析[J].农村经济,2015(8):114-119.

[83] 罗其友,张萌,郑华伟.经济发达地区城郊农民市民化意愿调查与思考:以江苏省溧阳市为例[J].中国农业资源与区划,2015,36(1):71-78.

[84] 牛建林.城市"用工荒"背景下流动人口的返乡决策与人力资本的关系研究[J].人口研究,2015,39(2):17-31.

［85］ 彭璐，朱宇，林李月．流动人口在流动过程中的暂时性回流及其影响因素：基于生命历程的视角［J］．南方人口，2017，32（6）：1－13．

［86］ 彭宅文．建立农民工社会保障的政策效应分析［J］．人口与经济，2003（5）：61－64，60．

［87］ 齐小兵．国外回流人口研究对我国回流农民工研究的启示［J］．人口与经济，2013（5）：41－47．

［88］ 钱忠好．非农就业是否必然导致农地流转：基于家庭内部分工的理论分析及其对中国农户兼业化的解释［J］．中国农村经济，2008（10）：13－21．

［89］ 乔万尼·塞鲁利．社会经济政策的计量经济学评估［M］．邱俊鹏，译．上海：格致出版社，上海人民出版社，2020．

［90］ 秦立建，秦雪征，蒋中一．健康对农民工外出务工劳动供给时间的影响［J］．中国农村经济，2012（8）：38－45．

［91］ 秦立建，王震，蒋中一．农民工的迁移与健康：基于迁移地点的 Panel 证据［J］．世界经济文汇，2014（6）：44－59．

［92］ 秦雪征，周建波，辛奕，庄晨．城乡二元医疗保险结构对农民工返乡意愿的影响：以北京市农民工为例［J］．中国农村经济，2014（2）：56－68．

［93］ 饶勇．经济转型时期"用工荒"现象及其成因的经济学分析［J］．中国人口科学，2012（3）：66－77，112．

［94］ 任远，施闻．农村外出劳动力回流迁移的影响因素和回流效应［J］．人口研究，2017，41（2）：71－83．

［95］ 盛来运．农村劳动力流动的经济影响和效果［J］．统计研究，2007（10）：15－19．

［96］ 盛亦男，孙猛．农民工返乡的经济学分析：以托达罗模型为视角［J］．人口研究，2009，33（6）：102－109．

［97］ 石智雷，杨云彦．家庭禀赋、农民工回流与创业参与：来自湖北恩施州的经验证据［J］．经济管理，2012，34（3）：151－162．

［98］ 石智雷，朱明宝．财政转移支付与农业转移人口市民化研究［J］．西安财经学院学报，2015，28（2）：5－10．

［99］ 史丹，王俊杰．基于生态足迹的中国生态压力与生态效率测度与评价

[J]. 中国工业经济, 2016 (5): 5 – 21.

[100] 舒畅, 乔娟. 我国养殖业生态足迹时空特征及脱钩效应研究: 以生猪产业为例 [J]. 生态经济, 2016, 32 (1): 148 – 151, 155.

[101] 宋德勇, 刘章生, 弓媛媛. 房价上涨对城镇居民二孩生育意愿的影响 [J]. 城市问题, 2017 (3): 67 – 72.

[102] 孙顶强, 冯紫曦. 健康对我国农村家庭非农就业的影响: 效率效应与配置效应: 以江苏省灌南县和新沂市为例 [J]. 农业经济问题, 2015, 36 (8): 28 – 34, 110.

[103] 孙红玲, 谭军良. 构建财政转移支付同农业转移人口市民化挂钩机制的思考 [J]. 财政研究, 2014 (8): 60 – 63.

[104] 谭政勋. 我国住宅业泡沫及其影响居民消费的理论与实证研究 [J]. 经济学家, 2010 (3): 58 – 66.

[105] 汤希, 任志江. "民工荒" 与我国 "刘易斯拐点" 问题 [J]. 西北农林科技大学学报 (社会科学版), 2018, 18 (2): 101 – 107.

[106] 唐浩, 施光荣. 劳动力外出务工对农村老年人生活满意度的影响研究 [J]. 中央财经大学学报, 2014 (12): 95 – 101.

[107] 唐蜜, 肖磊. 欠发达地区人口大县城镇化动力机制分析 [J]. 农业经济问题, 2014, 35 (8): 100 – 109, 112.

[108] 王爱华. 农民工市民化进程中的非制度障碍与制度性矫治 [J]. 江西社会科学, 2013, 33 (1): 182 – 185.

[109] 王策, 周博. 房价上涨、涟漪效应与预防性储蓄 [J]. 经济学动态, 2016 (8): 71 – 81.

[110] 王春超, 李颖, 张静. 中国农户劳动就业决策行为演变 (1978—2006) [J]. 商业研究, 2010 (1): 14 – 18.

[111] 王桂新, 陈冠春, 魏星. 城市农民工市民化意愿影响因素考察: 以上海市为例 [J]. 人口与发展, 2010, 16 (2): 2 – 11.

[112] 王文国, 何明雄, 潘科, 祝其丽, 周芸, 樊毅, 胡启春. 四川省水资源生态足迹与生态承载力的时空分析 [J]. 自然资源学报, 2011, 26 (9): 1555 – 1565.

[113] 王小龙, 兰永生. 劳动力转移、留守老人健康与农村养老公共服务供给 [J]. 南开经济研究, 2011 (4): 21 – 31, 107.

[114] 王延中，宁亚芳. 新时代民族地区决胜全面小康社会的进展、问题及对策：基于 2013～2016 年民族地区经济社会发展问卷调查的分析 [J]. 管理世界，2018，34（1）：39－52.

[115] 王瑜，崔馨月，陈传波，汪三贵. 农民工跨越市民化经济门槛分析：基于生活工资 Anker 法的新测量工具 [J]. 经济地理，2018，38（9）：47－58.

[116] 魏众. 健康对非农就业及其工资决定的影响 [J]. 经济研究，2004（2）：64－74.

[117] 吴德存，刘金平，杨贺. 中国省域生态足迹空间效应及社会经济因素研究：基于空间杜宾面板 STIRPAT 模型 [J]. 经济问题探索，2017（3）：162－169.

[118] 吴晓瑜，王敏，李力行. 中国的高房价是否阻碍了创业？[J]. 经济研究，2014，49（9）：121－134.

[119] 吴志峰，胡永红，李定强，匡耀求. 城市水生态足迹变化分析与模拟 [J]. 资源科学，2006（5）：152－156.

[120] 夏莉艳. 农村劳动力流失对农村经济发展的影响及对策 [J]. 南京农业大学学报（社会科学版），2009，9（1）：14－19.

[121] 肖建武，余璐. 湖南省生态足迹核算与区际比较 [J]. 中南林业科技大学学报（社会科学版），2015，9（6）：23－31.

[122] 肖卫国，袁建港，袁威. 房价影响消费的非线性特征：基于 1999—2012 年中国宏观数据的实证分析 [J]. 经济评论，2014（5）：16－26.

[123] 谢高地，鲁春霞，肖玉，郑度. 青藏高原高寒草地生态系统服务价值评估 [J]. 山地学报，2003（1）：50－55.

[124] 熊智伟，王征兵. 农民工返乡创业意愿影响因素实证研究：基于江西省 262 名返乡创业农民工的调查数据 [J]. 统计与信息论坛，2011，26（11）：103－108.

[125] 徐秀美，郑言. 基于旅游生态足迹的拉萨乡村旅游地生态补偿标准：以次角林村为例 [J]. 经济地理，2017，37（4）：218－224.

[126] 徐中民，程国栋，张志强. 生态足迹方法：可持续性定量研究的新方法：以张掖地区 1995 年的生态足迹计算为例 [J]. 生态学报，2001（9）：1484－1493.

[127] 严金海, 丰雷. 中国住房价格变化对居民消费的影响研究 [J]. 厦门大学学报 (哲学社会科学版), 2012 (2): 71 - 78.

[128] 颜色, 朱国钟. "房奴效应"还是"财富效应"?: 房价上涨对国民消费影响的一个理论分析 [J]. 管理世界, 2013 (3): 34 - 47.

[129] 颜银根. 农村剩余劳动力培训能促进产业转移吗? [J]. 财经研究, 2017, 43 (6): 4 - 16.

[130] 杨得前, 蔡芳宏. 欠发达地区新型城镇化进程中的财政政策研究 [J]. 中国行政管理, 2015 (9): 93 - 98.

[131] 杨洁, 李忠德, 杨萍, 季明川, 李明辉. 基于生态足迹模型的山东省农业资源可持续发展分析 [J]. 中国农业资源与区划, 2016, 37 (11): 56 - 64.

[132] 杨利春, 陈远. 建设生育友好型社会是中国人口发展的战略选择: "全面两孩政策与生育友好型社会建设"专题研讨会综述 [J]. 中国人口科学, 2017 (4): 121 - 125.

[133] 杨巧, 陈诚. 房价会影响人口迁移吗? [J]. 经济与管理, 2018, 32 (5): 38 - 44.

[134] 杨忍, 徐茜, 张琳, 陈燕纯. 珠三角外围地区农村回流劳动力的就业选择及影响因素 [J]. 地理研究, 2018, 37 (11): 2305 - 2317.

[135] 杨文兵. 城市化过程中人口转移的特征及动力机制: 浙江案例 [J]. 世界经济, 2009 (6): 88 - 95.

[136] 姚枝仲, 周素芳. 劳动力流动与地区差距 [J]. 世界经济, 2003 (4): 35 - 44.

[137] 张车伟. 中国人口与劳动问题报告 No. 19 [M]. 北京: 社会科学文献出版社, 2018.

[138] 张传勇. 劳动力流动、房价上涨与城市经济收敛: 长三角的实证分析 [J]. 产业经济研究, 2016 (3): 82 - 90.

[139] 张光利, 刘小元. 住房价格与居民风险偏好 [J]. 经济研究, 2018, 53 (1): 110 - 123.

[140] 张建华. 城乡一体化进程中的新型城乡形态 [J]. 农业经济问题, 2010, 31 (12): 12 - 17, 110.

[141] 张建坤, 王朝阳, 王彪. 基于生态足迹的产业适度人口分析: 以南京

市为例 [J]. 人文地理, 2010, 25 (6): 89 – 92.

[142] 张江雪, 汤宇. 中国农业转移人口市民化测度研究: 基于全国 8 城市大样本数据的调查分析 [J]. 人口与经济, 2017 (5): 108 – 115.

[143] 张可云, 傅帅雄, 张文彬. 基于改进生态足迹模型的中国 31 个省级区域生态承载力实证研究 [J]. 地理科学, 2011, 31 (9): 1084 – 1089.

[144] 张莉, 何晶, 马润泓. 房价如何影响劳动力流动? [J]. 经济研究, 2017, 52 (8): 155 – 170.

[145] 张文武, 欧习, 徐嘉婕. 城市规模、社会保障与农业转移人口市民化意愿 [J]. 农业经济问题, 2018 (9): 128 – 140.

[146] 张笑寒, 黄贤金. 论农地制度创新与农业劳动力转移 [J]. 中国人口·资源与环境, 2003 (5): 46 – 50.

[147] 张佐敏, 邝雄, 戴玲. 高房价对劳动力人口的"驱逐"方式: 基于中国 35 个大中城市的实证分析 [J]. 现代经济探讨, 2018 (2): 1 – 9.

[148] 章锦河, 张捷, 梁玥琳, 李娜, 刘泽华. 九寨沟旅游生态足迹与生态补偿分析 [J]. 自然资源学报, 2005 (5): 735 – 744.

[149] 赵西亮, 梁文泉, 李实. 房价上涨能够解释中国城镇居民高储蓄率吗?: 基于 CHIP 微观数据的实证分析 [J]. 经济学 (季刊), 2014, 13 (1): 81 – 102.

[150] 赵西亮. 基本有用的计量经济学 [M]. 北京: 北京大学出版社, 2020.

[151] 周冯琦. 从生态足迹看上海的可持续发展 [J]. 上海经济研究, 2007 (11): 53 – 60.

[152] 周华东, 高玲玲. 房价变化与居民消费: 基于中国城市面板数据的研究 [J]. 贵州财经大学学报, 2014 (1): 68 – 74.

[153] 周建华, 周倩. 高房价背景下农民工居住空间的分异: 以长沙市为例 [J]. 城市问题, 2013 (8): 67 – 71.

[154] 周静, 管卫华. 基于生态足迹方法的南京可持续发展研究 [J]. 生态学报, 2012, 32 (20): 6471 – 6480.

[155] 周世军, 周勤. 户籍制度、非农就业"双重门槛"与城乡户籍工资不平等: 基于 CHNS 微观数据的实证研究 [J]. 金融研究, 2012 (9): 101 – 114.

[156] 周晓芳，扶丁阳. 喀斯特高原山地区农民工回流与县域城镇化：以贵州省织金县为例 [J]. 经济地理，2020，40（1）：85－92.

[157] 朱秋霞. 行政区划与地方财政体制：几个相关的理论问题 [J]. 经济社会体制比较，2005（1）：35－39.

外文部分

[1] Angrist J D, Pischke J S. Mostly Harmless Econometrics：An Empiricist's Companion [M]. Princeton University Press，2008.

[2] Atkin D. Endogenous Skill Acquisition and Export Manufacturing in Mexico [J]. The American Economic Review，2016，106（8）：2046－2085.

[3] Campbell J Y, Cocco J F. How do House Prices Affect Consumption? Evidence from Micro Data [J]. Journal of Monetary Economics，2007，54（3）：591－621.

[4] Condon A, Ogden E. Questions of Emigration, Circulation and Return：Mobility between the French Caribbean and France [J]. International Journal of Population Geography，1996，2（1）：35－50.

[5] Costanza R. The Value of Ecosystem Service and Nature Capital in the World [J]. Nature，1997，387（15）：235－260.

[6] Dustmann C, Faini B R. Return Migration：the European Experience [J]. Economic Policy，1996，11（22）：213－250.

[7] Gonzalez L, Ortega F. How Do Very Open Economies Adjust to Large Immigration Flows? Recent Evidence from Spanish Regions [J]. Labour Economics，2011，18（1）：57－70.

[8] González L, Ortega F. Immigration And Housing Booms：Evidence From Spain [J]. Journal of Regional Science，2009，53（1）：37－59.

[9] Hanley N, Kirkpatrick H, Simpson I, et al. Principles for the Provision of Public Goods from Agriculture：Modeling Moorland Conservation in Scotland [J]. Land Economics，1998，74（1）：102－113.

[10] Helpman E. The Size of Regions [M] //Pines D, Sadka E, Zilcha I. Topics in Public Economics：Theoretical and Applied Analysis. London：Cambridge University Press，1998.

［11］Hoynes H, Mcfadden D. The Impact of Demographics on Housing and Non – Housing Wealth in the United States ［R］. NBER Working Paper, 2009.

［12］Hoynes H, Schanzenbach D W, Almond D. Long-Run Impacts of Childhood Access to the Safety Net ［J］. The American Economic Review, 2016, 106 (4): 903 – 934.

［13］Iacoviello M. House Prices, Borrowing Constraints, and Monetary Policy in the Business Cycle ［J］. American Economic Review, 2005, 95 (3): 739 – 764.

［14］Ilahi N. Return Migration and Occupational Change ［J］. Review of Development Economics, 1999, 3 (2): 170 – 186.

［15］King R, Mortimer J, Strachan A. Return Migration and the Development of the Italian Mezzogiorno ［J］. International Migration Review, 1982, 17: 79 – 86

［16］Kule D, Mançellari A, Papapanagos H, et al. The Causes and Consequences of Albanian Emigration during Transition: Evidence from Micro Data ［J］. International Migration Review, 2006, 36 (1): 229 – 239.

［17］Labrianidis L, Sykas T. Geographical Proximity and Immigrant Labour in Agriculture: Albanian Immigrants in the Greek Countryside ［J］. Sociologia Ruralis, 2010, 49 (4): 394 – 414.

［18］Niccolucci V, Galli A, Reed A, et al. Towards a 3D National Ecological Footprint Geography ［J］. Ecological Modelling, 2011, 222 (16): 2939 – 2944.

［19］Ravenstein V. On the Discrepancy of the Sequence Formed from Multiples of an Irrational Number ［J］. Bulletin of the Australian Mathematical Society, 1985, 31 (3): 329 – 338.

［20］Saiz A. Immigration and Housing Rents in American Cities ［J］. Journal of Urban Economics, 2007, 61 (2): 345 – 371.

［21］Skinner J. Housing Wealth and Aggregate Saving ［J］. Regional Science and Urban Economics, 1989, 19 (2): 305 – 324.

［22］Venetoulis J, Talberth J. Refining the Ecological Footprint ［J］. Environment Development & Sustainability, 2008, 10 (4): 441 – 469.

［23］ Wackernagel M, Rees W E. Perceptual and Structural Barriers to Investing in Natural Capital: Economics from an Ecological Footprint Perspective ［J］. Ecological Economics, 1996, 20 (1): 3 – 24.

［24］ Wackernagel M, Rees W. Our Ecological Footprint: Reducing Human Impact on the Earth ［M］. Gabriola Island, B. C. : New Society Publishers, 1996.

［25］ Wang X, Wen Y. Can Rising Housing Prices Explain China's High Household Saving Rate? ［J］. Ssrn Electronic Journal, 2011, 93 (3): 67 – 88.

［26］ Zhao S, Li Z, Li W. A Modified Method of Ecological Footprint Calculation and Its Application ［J］. Ecological Modelling, 2005, 185 (1): 65 – 75.